Direito Empresarial
para concurso de
Juiz do Trabalho

Direito Empresarial
para concurso de
Juiz do Trabalho

Alessandro Sanchez

edipro
concursos

Direito Empresarial
para concurso de Juiz do Trabalho
Alessandro Sanchez

1ª edição 2011

© *desta edição: Edipro Edições Profissionais Ltda. – CNPJ nº 47.640.982/0001-40*

           Editores: Jair Lot Vieira e Maíra Lot Vieira Micales
Produção editorial: Murilo Oliveira de Castro Coelho
           Revisão: Luana da Costa Araújo Coelho e Ricardo Virando
              Arte: Karina Tenório e Simone Melz

Dados de Catalogação na Fonte (CIP) Internacional
(Câmara Brasileira do Livro, SP, Brasil)

Sanchez, Alessandro
    Resumos de direito empresarial para concurso de juiz do trabalho / Alessandro Sanches. - - Bauru, SP : EDIPRO, 2011.

    Bibliografia
    ISBN 978-85-7283-728-6

    1. Direito empresarial – Brasil – Concursos. I. Título.

10 -10997   CDU-34:338.93 (81) (079)

Índices para catálogo sistemático:
1. Brasil : Concursos: Direito empresarial : 34:338.93 (81) (079)
2. Brasil : Direito empresarial: Resumos para concursos : 34:338.93 (81) (079)

edipro

edições profissionais ltda.
São Paulo: Fone (11) 3107-4788 – Fax (11) 3107-0061
Bauru: Fone (14) 3234-4121 – Fax (14) 3234-4122
www.edipro.com.br

Sumário

Apresentação 13

Capítulo 1 **O empresário. Capacidade e impedimentos. Prepostos** 17
1. Capacidade para o exercício da atividade empresarial 18
2. Dos prepostos 20

Capítulo 2 **Do registro de empresas** 23
1. Consequências da irregularidade 24

Capítulo 3 **O estabelecimento empresarial: conceito, natureza e elementos** 27
1. Trespasse ou alienação do estabelecimento empresarial 28
2. Transferência do passivo do alienante 29

Capítulo 4 **Locação empresarial** 31
1. A proteção do ponto de negócio como propriedade empresarial .. 32
2. Ponto empresarial 33
3. Ação renovatória 34
   3.1. Locação em *shopping center* 37

Capítulo 5 **Do nome empresarial: natureza e espécies** 39

Capítulo 6 **Propriedade industrial. Bens da propriedade industrial. A propriedade intelectual. Patenteabilidade. Registrabilidade. Exploração da propriedade industrial** 41

1. Invenção..41
2. Modelo de utilidade 41
3. Desenho industrial 43
4. Marca...43

CAPÍTULO 7   Da escrituração e dos livros comerciais obrigatórios: espécies, requisitos e valor probante 45

1. Exibição dos livros..47
2. Força probante dos livros empresariais..................................48

CAPÍTULO 8   Sociedades simples e empresária. Sociedades não personificadas: sociedade em comum e sociedade em conta de participação..49

CAPÍTULO 9   Sociedades simples e empresária: conceito, classificação, características, distinções. Sociedades personificadas: sociedade simples, cooperativas, sociedade em nome coletivo, em comandita simples e coligadas. Da sociedade dependente de autorização: sociedade nacional e sociedade estrangeira..............51

1. Sociedade em nome coletivo..53
2. Sociedade em comandita simples...53
3. Sociedades dependentes de autorização.................................53
   3.1. Sociedade nacional 53
   3.2. Sociedade estrangeira 54

CAPÍTULO 10 Sociedade limitada: conceito e legislação. Direitos e obrigações dos sócios e administradores. Da saída do sócio. Do capital social. Da exclusão do sócio 57

1. Aspectos gerais e regência supletiva das sociedades limitadas........57
2. Quotas, cessão e penhora...58
3. A vontade da sociedade 59
   3.1. Deliberações...61
4. Administração da sociedade limitada 61
   4.1. Direitos e obrigações dos administradores....................62
   4.2. A sociedade limitada e sua relação com terceiros.................63
5. Conselho Fiscal 64
6. Deveres, direitos e responsabilidade dos sócios.....................64

6.1. Deveres dos sócios 65
6.2. Direitos dos sócios 66
6.3. Responsabilidade dos sócios 66

Capítulo 11 Sociedade anônima: conceito, características e espécies. Capital social. Ações. Modificação do capital. Acionistas: direitos e obrigações. Assembleias. Conselho de Administração. Diretoria. Administradores: deveres e responsabilidades. Condição jurídica dos empregados eleitos diretores da sociedade 67

1. Conceito, classificação e constituição das sociedades por ações 67
2. Ações 70
   2.1. Classificação quanto à circulação 72
3. Formação do capital social 72
   3.1. Aumento do capital social 73
   3.2. Redução do capital social 73
4. Acionistas 74
   4.1. Deveres dos acionistas 75
   4.2. Direitos dos acionistas 75
5. Órgãos societários 75
   5.1. Assembleia geral 76
   5.2. Conselho de administração 76
   5.3. Diretoria 77
   5.4. Conselho fiscal 77
   5.5. Dos administradores 77
       5.5.1. Deveres 77
       5.5.2. Responsabilidade dos administradores 78
6. Condição jurídica dos empregados eleitos diretores da companhia 78

Capítulo 12 Encerramento, dissolução e liquidação das sociedades contratuais 81

1. Dissolução da sociedade 81
   1.1. Decurso de prazo 81
   1.2. Consenso 82
   1.3. Deliberação da maioria 82
   1.4. Unipessoalidade 82

1.5. Cessação da autorização para funcionar 82
1.6. Anulação da constituição 83
1.7. Exaurimento ou inexequibilidade do objeto social 83
1.8. Falência 83
2. Liquidação da sociedade 83
   2.1. Procedimentos 84

Capítulo 13 Da transformação, incorporação, fusão e cisão das sociedades 87

1. Transformações societárias 87
2. Incorporação societária 88
3. Fusão 89
4. Cisão 89
5. Direitos dos credores 90

Capítulo 14 Desconsideração da personalidade jurídica e sua aplicação perante o Código Civil, o Código de Defesa do Consumidor e a CLT 91

Capítulo 15 Títulos de crédito: conceito, natureza jurídica e espécies - letra de câmbio, duplicata, cheque, "warrant" 95

1. Classificações dos títulos de crédito 96
2. Letra de câmbio 97
   2.1. Aceite 98
   2.2. Endosso 98
   2.3. Aval 99
   2.4. Vencimento 100
   2.5. Protesto 101
   2.6. Prescrição 101
3. Nota promissória 102
4. Cheque 103
   4.1. Cheque cruzado 103
   4.2. Cheque para ser levado em conta 104
   4.3. Cheque visado 104
   4.4. Cheque administrativo 104
   4.5. Protesto e ação cambial 104
5. Duplicata 106

6. Outros títulos de crédito 109
   6.1. Conhecimento de transporte 109
   6.2. Conhecimento de depósito e "warrant" 110

CAPÍTULO 16 **Contratos mercantis frente ao atual Código Civil: alienação fiduciária em garantia, arrendamento mercantil (*leasing*), franquia (*franchising* - Lei nº 8.955/1994), faturização (*factoring*), representação comercial, concessão mercantil** 111

1. Alienação fiduciária em garantia 112
2. Arrendamento mercantil 113
3. Franquia 114
4. Faturização 115
5. Representação comercial 116
6. Concessão mercantil 118

CAPÍTULO 17 **Aspectos gerais. Recuperação judicial, extrajudicial e falência do empresário e da sociedade empresária (Lei nº 11.101/2005)** 121

1. Âmbito de incidência da lei de recuperação de empresas e falência .. 122
2. Competência para as ações de recuperação e falência 123
3. Verificação e habilitação de créditos 123
4. Órgãos de administração 124

CAPÍTULO 18 **Recuperação judicial** 127

1. Processamento 128
2. Encerramento da recuperação judicial 130
3. Recuperação judicial para microempresas 131

CAPÍTULO 19 **Recuperação extrajudicial** 133

CAPÍTULO 20 **Falência** 137

1. Fase pré-falencial 138
   1.1. Petição inicial 140
   1.2. Rito do processo falimentar 140
   1.3. Autofalência 140
   1.4. Falência requerida por credores e terceiros 141
   1.5. Sentença 142

2. Fase falencial 143
   2.1. Ação revocatória 145
   2.2. Ação de restituição e embargos de terceiros 146
   2.3. Classificação dos créditos 147
   2.4. Pagamento dos credores 148
3. Fase pós-falencial - encerramento da falência 148
   3.1. Extinção das obrigações do falido 149

Capítulo 21 **Código de Defesa do Consumidor: princípios de regência, interpretação e ônus da prova. Interesses ou direitos difusos, coletivos e individuais homogêneos** 151

1. Delimitação da relação de consumo para aplicação do CDC 151
2. Princípios de regência e interpretação da lei consumerista 152
   2.1. Princípio protetor 153
   2.2. Princípio da vulnerabilidade 153
   2.3. Princípio da hipossuficiência e inversão do ônus da prova... 154
   2.4. Boa-fé objetiva nas relações de consumo 154
3. Interesses ou direitos difusos, coletivos
   e individuais homogêneos 154
4. Categorias de interesses metaindividuais
   (art. 81, parágrafo único, CDC) 155
   4.1. Interesses difusos 155
   4.2. Interesses coletivos 155
   4.3. Interesses individuais homogêneos 156

Capítulo 22 **A atividade empresarial e a qualidade do fornecimento de bens e serviços. Direito do consumidor à solução dos vícios no fornecimento de bens e serviços** 157

1. Fato (defeito) dos produtos e serviços 158
2. Vício dos produtos e serviços 158

Capítulo 23 **A atividade empresarial e a publicidade. A publicidade e a tutela do consumidor. Publicidade simulada, enganosa, abusiva. Responsabilidade civil do anunciante, da agência de propaganda e do veículo de comunicação** 165

1. Publicidade enganosa 166
2. Publicidade abusiva 166

3. Publicidade simulada 167

CAPÍTULO 24 **Conceito de tripulante e composição da tripulação de aeronave. Comandante de aeronave Regulamentação das profissões do aeroviário (Decreto nº 1.232, de 22.06.1962) e do Aeronauta (Lei nº 7.183/1984)** 169

1. Aeronauta, tripulante e tripulação 169
2. Comandante de aeronave e sua responsabilidade pelos tripulantes ... 170
3. Aeroviário 171

REFERÊNCIAS 173

Apresentação

O convite da EDIPRO para a confecção do presente material nos trouxe grande alegria, um desafio que não poderia ter sido mais agradável e gratificante. Estabelecido na docência de Direito Empresarial em graduações, pós-graduações e concursos públicos e com experiência prática naquilo que é o Direito Empresarial do Trabalho, pensei estar pronto para este grande e empolgante projeto que traz responsabilidade não considerada em menor grau.

A presente obra fazia parte de uma coleção já conhecida das livrarias há longa data, porém uma nova edição era aclamada pelos estudantes e concurseiros de todo o país. Em um recente passado, este material foi considerado único, e agora nos apresenta a responsabilidade de manter essa reputação.

O desafio está principalmente em trazer modificações coerentes com aquilo que se exige nos atuais editais de concursos públicos, tendo em vista as alterações próprias das ciências jurídicas que necessitam evoluir com a mesma velocidade a que as relações humanas na sociedade da informação estão submetidas.

Nesse processo, o público a que esta obra se dirige poderá contar com um trabalho artesanal baseado nos exatos termos apresentados no edital de concurso para Juiz Substituto do Trabalho e estabelecidos como essencial à formação desse específico conhecimento, como ficará claro no transcorrer da obra.

A obra inova, pois serve de orientação ao estudioso que se insere nos cursos preparatórios para concursos da magistratura do trabalho, enfatizando o Direito Empresarial convencional, além de aprofundar os conceitos de empresário e empresa, sociedades simples e empresária, assim como os novos contornos trazidos pela Lei nº 11.101/2005 no que se refere às recuperações e falências empresariais, contratos mercantis e títulos de crédito.

Abrange também algumas peculiaridades, como o caso do empregado eleito diretor da companhia ou dos aeronautas e aeroviários, sem falar da necessidade de aprofundamento do instituto da desconsideração da personalidade jurídica, além de questões relativas a direitos do consumidor.

Grande parte da felicidade deste projeto se relaciona ao fato de trazer comentários a questões de provas em primeira e segunda etapa de concursos de Juiz do Trabalho Substituto aplicados em todo o Brasil, sem esgotar todas as possibilidades e oferecendo o resultado de uma vasta pesquisa que visou colaborar com o aprendizado sobre o formato mais comum dos questionamentos.

Assim, com propriedade pode-se afirmar, por exemplo, que o aluno precisa se preparar para eventualmente encontrar questões de Direito Empresarial na parte de Direito Civil, já que parte dos examinadores ainda sente dificuldade em entender que apesar de o Direito Empresarial estar inserido no Código Civil não significa que as disciplinas também tenham se unificado.

É prudente deixar claro que a presente obra não pretende substituir as leituras doutrinárias em termos materiais, mas ser uma ferramenta facilitadora / direcionadora de seu estudo.

Finalmente, vale dizer que o edital do concurso para Juiz do Trabalho é dividido em tópicos, que nem sempre se compreendem e se relacionam entre si. Portanto, esse material também se preocupou com a separação de capítulos, de forma que os conceitos iniciais colaborem na compreensão dos temas finais, posicionando em meio à leitura os nossos comentários relacionados às questões da prova.

Simplesmente estude, cuide bem de sua autoestima e lembre-se do amor e carinho utilizados na construção da presente obra. Se em algum momento acreditar que temos merecimento, nos participe de sua nobre vitória. Estamos contigo.

À Millena Franco Ribeiro.

Capítulo 1

O empresário. Capacidade e impedimentos. Prepostos

O Código Civil brasileiro vigente, editado no ano de 2002 e inspirado no estatuto civil italiano, unificou legislativamente o Direito Privado. Essa unificação, entretanto, não significou a perda de autonomia do Direito Empresarial que está intimamente relacionada ao fato de que a sua legislação precisa acompanhar a evolução das próprias relações empresariais.

Tal evolução inseriu na legislação pátria a relevância da empresa como atividade econômica organizada e o empresário como seu exercente natural, individualmente, por uma pessoa natural, ou de forma societária, por uma pessoa jurídica, de acordo com os seguintes requisitos:

1. **Profissionalidade**: exercício habitual; atividade praticada de forma reiterada em nome próprio; exercício de uma profissão.
2. **Atividade econômica**: atividade que visa ao lucro através da produção ou comercialização de bens e/ou serviços.
3. **Organização**: reunião dos seguintes elementos – mão de obra, capital, tecnologia e insumos.

O nosso Código Civil, no parágrafo único do artigo 966, conceitua o não empresário como aquele cujas atividades foram consideradas civis pelo Código Civil revogado. Com a unificação, promovida pelo atual Código Civil, são considerados individualmente como profissionais liberais autônomos, sob a forma de sociedade simples.

Tais atividades são aquelas consideradas intelectuais, de natureza científica, literária ou artística, ainda que com a contribuição de auxiliares ou colaboradores, ressalvados os casos em que o exercício da profissão constitua elemento de empresa, o que significaria a absorção da atividade intelectual pela empresarial, assumindo os requisitos que acima foram pontuados.

Sendo, assim, o profissional liberal em regra não é empresário; no entanto, quando a atividade intelectual for absorvida por elementos de empresa (estrutura empresarial), a atividade intelectual se transformará em atividade empresarial, exemplo: consultório médico que se transforma em hospital.

Podemos, portanto, afirmar que a primeira parte do Código Comercial foi revogada, afastando-nos do comerciante e aproximando-nos da empresa, como bem podemos identificar ao analisar os artigos 966 e 2.045 do Código Civil.

A atividade empresarial não se limita àquela comercial em sentido estrito (intermediação). A atividade empresarial tem uma conotação mais ampla.

Portanto, aqueles que se constituem economicamente por meio de sociedade por ações serão sempre empresariais, assim como as sociedades cooperativas jamais serão empresariais, mas, sim, sociedades simples.

1. CAPACIDADE PARA O EXERCÍCIO DA ATIVIDADE EMPRESARIAL

O artigo 972 do Código Civil dispõe que: "podem exercer a atividade de empresário os que estiverem em pleno gozo da capacidade civil e não forem legalmente impedidos".

Para tanto, devemos nos socorrer do Código Civil, que em seu artigo 3º classifica os absolutamente incapazes como aqueles impedidos de exercer atos da vida civil, muito embora possam contrair direitos e obrigações. Nessa condição, estão os menores de 16 anos; os que, por enfermidade ou deficiência mental, não tiverem o necessário discernimento para a prática dos atos da vida civil, como é o caso do portador de doença psíquica ou anomalia mental que lhe retire o discernimento; e os que, mesmo por causa transitória, não puderem exprimir sua vontade, como pode ocorrer com os surdos-mudos ou desmemoriados. Os absolutamente incapazes devem ser representados, sob pena de nulidade absoluta de seus atos.

O artigo 4º do Código Civil classifica os relativamente capazes como os maiores de 16 e menores de 18 anos; os ébrios habituais; os viciados em tóxicos e os que por deficiência mental tenham o discernimento reduzido; os excepcionais, sem desenvolvimento mental completo e os pródigos. Os relativamente incapazes devem ser assistidos, sob pena de anulabilidade de seus atos.

O menor emancipado antes de completar 18 anos, nos termos do artigo 5º, parágrafo único, do Código Civil, estará apto a exercer a atividade empresarial. A incapacidade cessará nos seguintes casos:

I – pela concessão dos pais, ou de um deles na falta do outro, mediante instrumento público, independentemente de homologação judicial, ou por sentença do juiz, ouvido o tutor, se o menor tiver dezesseis anos completos;

II – pelo casamento;

III – pelo exercício de emprego público efetivo;

IV – pela colação de grau em curso de ensino superior;

V– pelo estabelecimento civil ou comercial, ou pela existência de relação de emprego, desde que, em função deles, o menor com dezesseis anos completos tenha economia própria.

Se, por um lado, tratamos da capacidade, por outro, o artigo 972 do Código Civil destaca aqueles que podem exercer a atividade de empresário por não estarem legalmente impedidos. Podemos citar os funcionários públicos; os militares do Exército, Marinha ou Aeronáutica, bem como os auxiliares do empresário e o falido não reabilitado.

O artigo 974 do Código Civil admite que o incapaz, devidamente representado ou assistido, continue a exercer a atividade empresarial em duas situações:

a) incapacidade superveniente (a incapacidade surge após o início do exercício da atividade empresarial, momento em que a capacidade era plena. Por exemplo: empresário que contrai doença mental e fica impedido).

b) morte do empresário individual, deixando herdeiros ou sucessores incapazes.

Para que o incapaz continue a exercer a atividade empresarial por meio de um representante ou devidamente assistido, segundo o artigo 974, §1º do Código Civil, é necessária uma autorização judicial, cabendo ao juiz avaliar os riscos da empresa (da atividade) ou a conveniência de continuá-la. Esta autorização poderá ser revogada a qualquer momento.

Além da autorização judicial, deverá o juiz separar os bens que o incapaz possuía no momento da interdição ou da sucessão dos bens destinados ao exercício da atividade empresarial.

Se o representante ou o assistente for pessoa legalmente impedida de exercer atividade empresarial, este deverá nomear um ou mais gerentes para o exercício da função com a aprovação do juiz (artigo 975 do Código Civil). Esta nomeação, contudo, não exime o representante ou o assistente da responsabilidade pelos atos praticados pelos gerentes (artigo 975, § 2º do Código Civil).

(Juiz do Trabalho da 11ª região – 2009 – primeira etapa) Determinada pessoa física exerce atividade empresarial e, em determinado momento, torna-se incapaz para os atos da vida civil. Nesse caso, a continuidade do exercício da empresa:

a) pode ser efetuada por mandatário do empresário.

b) é ilegal.

c) depende de autorização judicial.

d) pode ser efetuada por curador, independentemente de autorização judicial.

e) é possível por intermédio dos sócios do empresário.

Resposta correta: alternativa C. O artigo 974 do Código Civil é claro no sentido da necessidade de autorização judicial para o caso de incapacidade superveniente, conforme o exemplo constante no texto que antecede a questão. A continuidade do exercício da empresa não pode ocorrer por intermédio de mandatário ou curador, o que torna as alternativas A e D incorretas. A alternativa B é mais facilmente afastada, por considerar ilegal o que na verdade é amplamente possível.

2. DOS PREPOSTOS

A organização empresarial é feita principalmente através de auxiliares que, sob seus comandos e organização, desenvolvem a atividade empresarial. São funções técnicas ou de representação. É verdade que o concurso para a Magistratura do Trabalho destaca as relações de trabalho e emprego, porém, neste momento, o concursando será cobrado pelos efeitos empresariais, e não trabalhistas, destes prepostos em relação ao seu empregador e administradores. Portanto, o enfoque será dado sobre o contrato de preposição.

Tal contratação se perfaz em um contrato autônomo. O contrato de preposição demonstra dependência, pois há subordinação hierárquica do preposto em relação ao empresário. É justamente nesse ponto que a preposição se distingue do mandato, uma vez que o preposto tem poderes de representação. O preposto substitui o preponente em determinados atos empresariais, nas relações internas ou externas, diante de terceiros.

Nessa relação vale salientar que o preposto não pode ser substituído por outra pessoa, salvo se houver a anuência do preponente. Assim, caso o preposto descumpra tal obrigação, será diretamente responsabilizado pelos atos praticados por seu substituto, culpa que decorre da delegação não autorizada de poderes que lhe foram atribuídos.

Os atos praticados pelo preposto devem ser considerados como atos próprios do preponente, sendo assim o agir do preposto é sempre um agir em nome do preponente, portanto, do empresário.

Na hipótese de o preposto extrapolar os limites que lhe foram definidos, é preciso proteger os direitos dos terceiros que agem de boa-fé, bem como os do próprio empresário. O preposto que age no interior da empresa e extrapola tais limites leva o público em geral a erro, no que devemos privilegiar a teoria da aparência, protegendo a boa-fé, tudo conforme o artigo 1.178 do Código Civil. Tal presunção é afastada quando o preposto pratica um ato estranho às atividades do empresário, bem como pelos atos realizados em ambiente externo ao empresarial.

Finalmente, em razão do dever de lealdade que deve caracterizar as funções de preposição, o preposto não deve praticar atos de concorrência em relação em empresário preponente, tudo conforme o artigo 1.170 do Código Civil, pois o descumprimento de tal obrigação acarreta ao preposto o ressarcimento dos danos causados ao empresário.

CAPÍTULO 2

Do registro de empresas

A finalidade do registro público, obviamente, é levar ao conhecimento do público em geral e, sobretudo, daqueles que tiverem relações de negócios com o empresário todo e qualquer fato que lhes possa interessar, relativo a sua vida profissional e financeira.

Assim, da mesma forma que se exige da pessoa natural o registro de seu nascimento, assim como dos atos mais importantes da vida civil da pessoa natural, como o casamento e a morte, a fim de determinar o término de sua personalidade, o empresário ou a sociedade empresária registra o seu início, os atos mais importantes, como uma alteração de capital, bem como a sua extinção, determinando após a decretação da falência, por exemplo, o fim de sua personalidade empresarial.

Entretanto, para o empresário os efeitos negativos decorrentes da falta de registro são diversos. Podemos citar a impossibilidade de manter contabilidade geral, tratamento tributário mais rigoroso e inclusive a desvantagem da não utilização de determinados benefícios legais, como é o caso das hipóteses de recuperação de empresas em crise trazidas pela Lei nº 11.101/2005.

Uma das principais obrigações do empresário exercente de atividade empresarial é a inscrição no Registro Público de Empresas Mercantis. O empresário, segundo o Código Civil, deve efetivar o seu registro antes do início de suas atividades.

A Lei nº 8.934/1994 dispõe e o Decreto nº 1.800/1996 regulamenta o registro público de empresas mercantis e atividades afins.

A Junta Comercial é o órgão de registro do empresário individual, bem como das sociedades empresárias, enquanto as sociedades simples terão seus atos constitutivos registrados no Cartório do Registro Civil das Pessoas Jurídicas.

A *Matrícula* refere-se à obrigatoriedade de registro de alguns auxiliares do comércio, como leiloeiros, tradutores públicos e intérpretes comerciais, administradores de armazéns-gerais e trapicheiros.

O *Arquivamento* refere-se ao registro, feito pelos empresários, de documentos relativos à constituição, alteração, dissolução, incorporação, fusão, cisão, transformação e extinção de sociedades empresárias, cooperativas e firmas individuais.

A *Autenticação* objetiva dotar de credibilidade os instrumentos de escrituração, inclusive os livros empresariais de empresário unipessoal, sociedades empresárias, sociedades cooperativas, entre outras formas que estejam sujeitas a escrituração.

1. CONSEQUÊNCIAS DA IRREGULARIDADE

Irregular está todo empresário que não arquivou seus atos constitutivos no órgão do registro empresarial ou não cumpriu com alguma das formalidades tidas por obrigatórias.

O registro no órgão competente não é da essência do conceito de empresário. Empresário é todo aquele que se enquadra no artigo 966 do Código Civil, desenvolvendo profissionalmente atividade econômica organizada para a produção, circulação de bens ou serviços.

A irregularidade do empresário faz com que ele não possa usufruir dos benefícios que lhe são reservados, trazendo certas restrições a seguir identificadas:

1. A lei de recuperação de empresas e falências prescreve que o empresário que não comprova sua qualidade de empresário regular não possui legitimidade ativa para instaurar pedido de falência de outro empresário, pois necessita juntar certidão da Junta Comercial que comprove a regularidade de suas atividades, nos termos do artigo 97, § 1º, da Lei nº 11.101/2005.
2. O empresário irregular não possui legitimidade ativa para pedido de recuperação de empresas, nos termos do artigo 1º da Lei nº 11.101/2005.

3. O empresário irregular não poderá ter seus livros empresariais autenticados no registro das empresas mercantis, uma vez que não possui inscrição na Junta Comercial.

Caso a sociedade empresária esteja irregular, o sócio passa a ter responsabilidade ilimitada pelas obrigações da sociedade.

Destacam-se, ainda, outros efeitos secundários do exercício empresarial sem o necessário registro na Junta Comercial:

1. O empresário irregular não poderá participar de licitação pública – artigo 28, II, III, IV e V da Lei nº 8.666/1993.
2. Não poderá registrar-se no CNPJ, no Estado e no Município – sujeitando-se às sanções previstas nas leis tributárias.
3. Ausência de matrícula junto ao INSS, o que acarreta pena de multa (Lei nº 8.212/1991, artigo 49, §3º c/c artigo 92 da mesma Lei).

Capítulo 3

O estabelecimento empresarial: conceito, natureza e elementos

Estabelecimento empresarial, que é sinônimo de fundo de comércio, é o complexo de bens reunidos para o desenvolvimento da atividade empresarial e possui um valor próprio, distinto do valor dos bens que o compõem. Para Rubens Requião, o estabelecimento é um bem incorpóreo, formado por um complexo de bens que não se fundem, mas que mantêm unitariamente sua individualidade própria. O estabelecimento não é sinônimo de patrimônio. O patrimônio é composto de todos os bens valorados economicamente e o estabelecimento é composto apenas de bens utilizados para o exercício da atividade. Os débitos, por exemplo, fazem parte do patrimônio, mas não do estabelecimento.

O Código Civil italiano o define, em seu artigo 2.555, como: "[...] o complexo dos bens organizados pelo empresário, para a atividade da empresa". O Código Civil brasileiro, em seu artigo 1.142, conceitua estabelecimento empresarial como "[...] todo complexo de bens organizado, para exercício da empresa, por empresário, ou por sociedade empresária".

A união desses bens organizados para possibilitar o exercício da atividade empresarial faz com que eles tenham um valor próprio distinto do estabelecimento, considerado individualmente. Portanto, o fundo de comércio ou estabelecimento empresarial constitui uma universalidade de fato, um conjunto de bens que se mantêm unidos, destinados a um fim, por vontade e determinação de seu proprietário.

O estabelecimento empresarial é composto por bens de duas categorias: corpóreos e incorpóreos.

Os bens corpóreos são aqueles que se caracterizam por ocupar espaço no mundo exterior, entre eles podemos destacar: (a) mercadorias; (b) instalações; (c) máquinas e utensílios.

Deve-se frisar que não se pode confundir estabelecimento empresarial ou fundo de comércio com patrimônio. O fundo de comércio não constitui todo o patrimônio, mas é parte ou parcela do patrimônio do empresário. A empresa, que é o exercício da atividade organizada pelo empresário, conta com vários elementos patrimoniais, organizados por ele próprio, para a produção ou troca de bens ou serviços que não integram o estabelecimento empresarial.

Os elementos corpóreos do estabelecimento empresarial gozam de proteção jurídica civil e penal, através de sanções que visam à proteção possessória, da responsabilidade civil e crimes.

Os bens incorpóreos são as coisas imateriais, que não ocupam espaço no mundo exterior, são ideias, frutos da elaboração abstrata da inteligência ou do conhecimento humano. Existem na consciência coletiva. Nessa categoria, estão os direitos que seu titular integra no estabelecimento empresarial, tais como patente de invenção, modelo de utilidade, marcas e desenho industriais.

Clientela e aviamento estão relacionados entre si e não têm existência separada do estabelecimento; constituem atributos ou qualidades do estabelecimento, enquanto instrumento do exercício da atividade empresarial, e não elementos.

Para Carvalho de Mendonça, o aviamento, que se forma com o tempo, a obra diligente do comerciante, a qualidade dos produtos e sua honestidade, é o índice da prosperidade e da potência do estabelecimento comercial, ao qual se acha visceralmente unido. A freguesia traduz a aptidão do estabelecimento para ter clientes.

1. TRESPASSE OU ALIENAÇÃO DO ESTABELECIMENTO EMPRESARIAL

O estabelecimento empresarial compõe o patrimônio do empresário, razão pela qual este tem livre disponibilidade sobre o estabelecimento empresarial, ou seja, faz dele o que melhor lhe aprouver.

Por outro lado, uma vez que integra o patrimônio do empresário, o estabelecimento comercial é a garantia dos credores. Na medida em que funciona como garantia de credores, a lei fixa determinadas condições para que possa ser alienado.

O artigo 1.145 do Código Civil fixa como condição para a alienação do estabelecimento comercial a concordância expressa ou tácita de todos os credores do empresário.

No caso de notificação dos credores, considera-se o aceite tácito acerca da alienação se o credor não se manifestar contrariamente no prazo de 30 (trinta) dias do recebimento da notificação. Se o alienante assim não proceder, deixando de colher a anuência dos credores ou de notificá-los, poderá ter sua falência decretada.

2. TRANSFERÊNCIA DO PASSIVO DO ALIENANTE

Em regra, o passivo do estabelecimento empresarial não se transfere ao adquirente, razão pela qual é necessária a anuência dos credores para a alienação. Contudo, o passivo poderá ser transferido se houver disposição contratual específica nesse sentido. Se o contrato de transferência do estabelecimento dispuser que o passivo se transferirá, o adquirente assumirá o passivo do alienante como sucessor. Caso contrário, o adquirente não responde.

Caso esteja presente no contrato a cláusula de transferência do passivo, os credores poderão propor ação em face do adquirente, tendo em vista todos os débitos do alienante.[1]

Incidindo a referida cláusula e uma vez demandado o alienante, este deverá pagar todos os credores, cabendo-lhe, entretanto, direito de regresso contra o adquirente pelo que pagou. A única hipótese em que o credor perde o direito de cobrar o alienante do estabelecimento empresarial é no caso de renúncia expressa a esse direito. Dessa forma, a regra geral é que se as partes não pactuaram a transferência do passivo, o credor não poderá responsabilizar o adquirente.

---

1   Diga-se que tal expediente não desobriga o alienante, na medida em que cabe ação de regresso.

Credor trabalhista – O artigo 448 da CLT consagra a imunidade dos contratos de trabalho em face de mudança na propriedade ou estrutura jurídica da empresa – credor trabalhista sempre poderá cobrar o titular do estabelecimento empresarial.

Credor fiscal – O artigo 133 do CTN prevê a responsabilidade subsidiária ou integral do adquirente.

A Lei nº 11.101/2005 (recuperação judicial e falência), em seu artigo 141, inciso II, determina que quando houver alienação de estabelecimento empresarial em processo falencial, o objeto da alienação estará livre de qualquer ônus, inclusive trabalhista e fiscal.

Havia discussão quando a alienação do estabelecimento era realizada em recuperação judicial, pois o artigo 60, parágrafo único, da Lei nº 11.101/2005, não previa expressamente a ressalva para as dívidas trabalhistas.

A Ação Direta de Inconstitucionalidade nº 3.934/2009 entendeu que havendo alienação de estabelecimento, em recuperação judicial, o adquirente não responde por quaisquer dívidas, inclusive as trabalhistas.

O alienante de estabelecimento empresarial não pode, salvo cláusula contratual em sentido contrário, fazer concorrência com o adquirente por um prazo de 5 (cinco) anos.

O adquirente de estabelecimento empresarial sub-roga-se nos contratos necessários para exploração do estabelecimento, salvo os de caráter pessoal (artigo 1.148 do Código Civil).

O nome empresarial não pode ser objeto de alienação (artigo 1.164 do Código Civil). No entanto, o parágrafo único do artigo 1.164 permite que o adquirente de estabelecimento empresarial possa usar o nome do alienante, desde que previsto no contrato, precedido do seu próprio, com a qualificação de sucessor.

CAPÍTULO 4

Locação empresarial

O que hoje se tem como Direito Empresarial brasileiro originou-se na metade do século XIX, com a vigência do Código Comercial brasileiro de 1850, inspirado no sistema francês de direito privado, de codificação bipartida em duas grandes ramificações: o Código Civil de 1804 e o Código Comercial de 1807, ambos napoleônicos.

A pertinência de nos remetermos ao nosso Código Comercial no que tange à locação é de que o artigo 226, que dispunha sobre locação comercial, definia locação como aquela contratada por tempo determinado e preço certo. Nas palavras de Teixeira de Freitas, a locação civil se diferenciava da comercial por ser contratada sem determinação ou certeza de tempo e preço.

Para aquele que analisa a comparação acima, fica perceptível que tal critério diferenciador deixa muito a desejar e não atende à tecnologia das locações, sejam elas civis ou comerciais, ou mais apropriadamente, empresariais.

Importante dizer que o Código Comercial, em seu artigo 226, definia locação como um contrato pelo qual uma parte se obriga a dar a outra o uso de alguma coisa ou o trabalho.

Não se incluía a locação de prédios, em conformidade com o Regulamento nº 737/1850 e os seus artigos 19 e 20, que tinham o condão de prescrever os atos considerados de comércio, e que, por consequência, seriam regulados pelo Direito Comercial de sua época, afastando os imóveis da matéria Comercial.

A proteção ao ponto de negócio e à propriedade comercial foi inserida no direito brasileiro através do Decreto-Lei nº 24.150/1934, sensível ao apelo dos comerciantes inquilinos, pois o sucesso de sua atividade econômica, causa direta da valorização da propriedade imobiliária, possibilitava ao locador cobrar "luvas", o que ensejava enriquecimento injusto.

Tal legislação trouxe para o comerciante inquilino o direito de exigir a continuidade da locação ou de receber indenização em caso de despejo, desde que preenchidos determinados requisitos, a essa propriedade denominou-se "Propriedade Comercial" ou "Ponto Comercial" do empresário-inquilino-locatário, em contrapartida à "Propriedade Imobiliária" do Locador.

No final da década de 70, apesar de se falar em novel legislação do inquilinato, não era possível se falar em inovação no que tange ao que aquela época se denominava locação comercial, já que a Lei nº 6.649/19,79 nos remetia ao antigo Decreto-Lei nº 24.150/1934.

Finalmente, a atual legislação do inquilinato (Lei nº 8.245/1991) inovou em alguns aspectos ao trazer um novo microssistema legislativo, com uma parte geral sobre os contratos que envolvem a locação predial e outra que trata especificamente das locações residenciais, não residenciais e por temporada.

1. A PROTEÇÃO DO PONTO DE NEGÓCIO COMO PROPRIEDADE EMPRESARIAL

Para tratar da locação empresarial como fator de proteção do ponto de negócio, necessário determinar o "ponto de negócio" como bem incorpóreo, elemento do estabelecimento empresarial, que nada mais é do que o complexo de bens materiais e imateriais que constitui o instrumento utilizado pelo comerciante para a exploração de determinada atividade mercantil.

A proteção do estabelecimento empresarial pode ser subdividida em duas espécies: proteção quanto à alienação e proteção quanto à locação.

Quando a alienação ocorrer por força de procedimento expropriatório do poder público, o estabelecimento empresarial deverá ser protegido.

O imóvel onde se encontra o estabelecimento empresarial pode sofrer desapropriação pelo poder público. O locatário, nesse caso, sofre a cessação do contrato por força da expropriação, antecipada e forçada, e, dessa forma, os efeitos da expropriação atingem o estabelecimento comercial, sendo justa a reparação desse prejuízo. O Estado, na medida em que desapropria o proprietário do imóvel em decorrência de uma obra pública, deve antecipar ao titular do estabelecimento empresarial o seu ressarcimento, independentemente da indenização devida ao proprietário do imóvel.[2]

2. PONTO EMPRESARIAL

A importância do ponto empresarial varia de acordo com a atividade exercida pelo empresário. Em alguns casos, implica valorização patrimonial do estabelecimento, se a atividade praticada tem na localização fator de grande importância, no sentido de atração da clientela, ao passo que se esse fator for indiferente, o ponto terá seu valor reduzido ou até mesmo inexistente.

A proteção ao ponto empresarial tem relevância quando o empresário exerce suas atividades em imóvel locado. Nesse caso, a locação será regulada pelos artigos 51 e seguintes da Lei nº 8.245/1991.

Para que uma locação possa ser considerada empresarial,[3] submetendo-se ao regime jurídico da renovação compulsória, é necessário observar os requisitos previstos no artigo 51 da Lei nº 8.245/1991, como segue:

1. Contrato celebrado por escrito e com prazo determinado.

---

2   A indenização será devida em razão do ponto empresarial e não pelo valor do estabelecimento empresarial, justificando, inclusive, indenização por perdas e danos.
3   O artigo 55 da Lei nº 8.245/1991 dispõe que: "Considera-se locação não residencial, quando o locatário for pessoa jurídica e o imóvel destinar-se ao uso de seus titulares, diretores, sócios, gerentes, executivos ou empregados".

2. O contrato de locação deve ser de no mínimo 5 (cinco) anos,[4] admitida a soma dos prazos de contratos escritos, sucessivamente renovados. Soma essa, inclusive, que pode ser feita pelo sucessor ou cessionário do locatário.[5]

3. O locatário deve explorar o mesmo ramo de atividade econômica pelo prazo mínimo e ininterrupto de três anos na data da propositura da ação renovatória.

Conclui-se, portanto, que se o locatário empresário exerce a mesma atividade econômica pelo prazo mínimo de três anos, em imóvel locado por prazo determinado e não inferior a cinco anos, terá direito à renovação compulsória do contrato de locação.

3. AÇÃO RENOVATÓRIA

O exercício desse direito de renovação compulsória se materializará através de uma ação de rito especial chamada ação renovatória, como determina o § 5º do artigo 51 da Lei nº 8.245/1991.

A ação renovatória deverá obrigatoriamente ser proposta entre um ano e seis meses anteriores à data do término do contrato a ser renovado.[6]

---

4   O cumprimento de um dos requisitos do art. 51 da Lei de Locações, de que seja o contrato por prazo determinado firmado por 5 (cinco) anos ou da soma dos prazos determinados, ininterruptos, decorrer os 5 (cinco) anos, é questão de grande polêmica jurisprudencial, pois, em regra, não poderíamos nem pensar em tal hipótese, em vista do fator DECADÊNCIA e do termo legal ininterrupto, que não admite suspensão, interrupção ou prorrogação. Parte da jurisprudência, porém, aceita a acessão de tempo entre um contrato e outro, desde que a interrupção seja pequena e proporcional à soma dos contratos firmados, buscando com isso a proteção da propriedade empresarial, do ponto e a manutenção do fundo de comércio.

5   Súmula 482 do Supremo Tribunal Federal: "O locatário, que não for sucessor ou cessionário do que o precedeu na locação, não pode somar os prazos concedidos a este, para pedir a renovação do contrato".

6   Prazo decadencial, que, portanto, não se suspende. Diante do caso hipotético do prazo decadencial para o ajuizamento da Ação Renovatória de Locação

A petição inicial, sem prejuízo dos requisitos constantes do artigo 282 do Código de Processo Civil, de acordo com o artigo 71 da Lei de nº 8.245/1991, deverá ser instruída com:

1. Prova do preenchimento dos requisitos que autorizam a renovação;
2. Prova de que todas as cláusulas do contrato vigente estão sendo cumpridas;
3. Prova da quitação dos impostos e taxas incidentes sobre o imóvel, de acordo com o que foi contratado;
4. Indicação das condições de renovação;
5. Indicação de fiador e, na falta deste, apresentação de substituto com todos os seus dados e comprovação de idoneidade financeira.

Na locação empresarial, o direito do locatário de inerência ao ponto tem o seu fundamento na lei ordinária, enquanto o direito de propriedade do locador é constitucionalmente garantido (CF, art. 5º, XXII). Por essa razão, a tutela do interesse na renovação do contrato de locação, que aproveita ao locatário, não pode importar o esvaziamento do direito real de propriedade titularizado pelo locador.

O locatário que não puder exercer o seu direito de renovação compulsória, em virtude da tutela constitucional da propriedade, deverá ser, em determinadas hipóteses, indenizado pelo valor que acresceu ao bem.

Uma vez citado para a renovação do contrato locatício, o proprietário poderá: (1) opor-se à renovação, sob o argumento de que não foram preenchidos os requisitos para o seu exercício; (2) opor-se às condições

---

Empresarial vencer em feriado, deve-se levar em consideração que em regra o prazo decadencial não se interrompe e nem se prorroga, e muito embora parte da jurisprudência entenda que no caso de locação empresarial seja plausível a aceitação da prorrogação de um dia, para o próximo dia útil, para que as partes utilizem-se até o limite do seu prazo para as negociações de renovação, vale dizer que em vista da divisão jurisprudencial no tema, e buscando evitar quaisquer inconvenientes quanto à perda do direito de renovação compulsória, é válido ajuizar no dia útil anterior ao do feriado. É o caso do prazo decadencial que vence no domingo, assim, e por cautela, o ajuizamento não deve ultrapassar a sexta-feira.

oferecidas, designadamente em relação ao valor oferecido, se aquém do valor de mercado, apresentando uma contraproposta, hipótese em que o judiciário fixará um aluguel, não superior a 80% do valor proposto pelo locador, até que se determine o valor final em sentença.

A própria lei apresenta, em rol exemplificativo, situações em que o direito à renovação compulsória será ineficaz, pela proteção dada ao direito de propriedade:

1. **Ter o locador melhor proposta de terceiro** (artigo 72, III, da Lei nº 8.245/1991). Ainda que o locatário, no momento da propositura da ação renovatória, apresente valor locativo compatível com o valor de mercado, se o locador tiver proposta de terceiro que seja mais vantajosa, não deverá obrigatoriamente renovar a locação, pois isso seria uma limitação ao seu direito de propriedade. Nesse caso, o locatário terá direito à indenização pela perda do ponto (artigo 52, § 3º, da Lei nº 8.245/1991). Por outro lado, se o locatário concordar em pagar o valor oferecido pelo terceiro, o contrato deverá ser renovado.

2. **Reforma no prédio locado realizada pelo locador** (artigo 52, I, da Lei nº 8.245/1991). Essa hipótese abrange duas situações: obras executadas em razão de determinação do poder público e obras executadas por iniciativa do proprietário locador a fim de valorizar seu patrimônio.

Nas duas situações descritas, não será concedida a renovação compulsória do contrato de locação. Se a obra, nos dois casos, não começar no prazo de três meses a contar da desocupação do imóvel pelo locatário, caberá a este indenização pelos prejuízos sofridos e lucros cessantes.

3. **Retomada do imóvel para uso próprio do locador** (artigo 52, II, da Lei nº 8.245/1991). O locador poderá retomar o imóvel objeto da locação, seja para nele exercer atividade econômica ou não. O artigo 52, § 1º, restringe a possibilidade de retomada do imóvel para uso próprio, quando o locador pretende exercer atividade no mesmo ramo do locatário. Nas duas situações descritas, não será concedida a renovação compulsória do contrato de locação.

4. **Transferência do estabelecimento empresarial.** Desde que existente há mais de um ano e de titularidade logicamente do próprio locador, de ascendente, descendente, cônjuge, ou de sociedade por ele controlada (artigo 52, II, da Lei nº 8.245/1991). Nesses casos, há presunção de sinceridade do retomante, porém, essa presunção é relativa, podendo ser impugnada pelo locatário.[7]

3.1. Locação em *shopping center*

Iniciado nos Estados Unidos da América do Norte, é um empreendimento de um único proprietário, exclusivamente de uso empresarial, que dá unidades em locação em troca da participação percentual no faturamento da atividade exercida pelo lojista, inclusive porque o empreendedor, para que seja considerado empresário, deverá organizar e distribuir os espaços em seu prédio, para o desenvolvimento de atividades econômicas.

Aquele que se dedica à atividade de locação de espaços em *shopping center* é um empresário cuja atividade não se resume à mera locação de imóveis, mas também à distribuição organizada da oferta de produtos e serviços centralizados no local por ele criado e administrado.

A ideia básica do negócio é pôr à disposição dos consumidores, em um local único, seguro e de cômodo acesso, a mais variada sorte de produtos e serviços. A organização é elemento fundamental para o sucesso do *shopping center* e fator definitivo para a vitória na concorrência entre vários *shoppings*.

Uma das peculiaridades da locação empresarial é a existência de parcelas fixas e parcelas variáveis. As parcelas variáveis correspondem a um percentual do faturamento obtido pelo locatário no estabelecimento locado. Para se medir o valor da parcela variável, o locador poderá auditar as contas do locatário, vistoriar suas instalações e fiscalizar o seu movimento.

---

7 Súmula 485 do Supremo Tribunal Federal: "Nas locações regidas pelo Decreto nº 24.150/1934, a presunção de sinceridade do retomante é relativa, podendo ser ilidida pelo locatário".

O locatário tem por obrigação filiar-se à associação de lojistas, pagando uma mensalidade. A associação de lojistas suportará os custos referentes à publicidade do *shopping center*, bem como eventuais promoções que serão aproveitadas por todos.

É usual a cobrança de aluguel em dobro no mês de dezembro, tendo em vista o notório aumento no volume de vendas nessa época. O aluguel em dobro é devido em função dos investimentos em marketing.

Além disso, é usual pagar uma prestação conhecida como *res sperata* retributiva das vantagens de se estabelecer em um centro de compras que já possui clientela própria, implicando nada mais do que o pagamento de luvas.[8]

O artigo 54 da Lei nº 8.245/1991 proíbe algumas espécies de cobrança.

Cabe também nessa espécie de locação a renovação compulsória do contrato. Todavia, o direito à renovatória deve, como nas outras possibilidades, respeitar e encontrar limites no direito de propriedade do locador.

No que se refere ao *shopping center*, o direito de propriedade abrange também a prerrogativa do empresário do *shopping center* de organizar o *tenant mix* visando um melhor atendimento aos consumidores; assim, sempre que a manutenção de algum estabelecimento no *shopping center* implicar um óbice ao referido direito de organização, deve a renovação compulsória ser afastada e o despejo decretado.

O contrato de *shopping center* é um negócio sem regulamentação legal específica.

---

8   O estabelecimento empresarial de um *shopping center* se sobrepõe ao do lojista.

Capítulo 5

Do nome empresarial: natureza e espécies

É o nome com o qual o empresário, seja pessoa natural, seja pessoa jurídica, se apresenta no mercado, identificando o sujeito que exerce a atividade empresarial. O nome empresarial é também um dos elementos incorpóreos do estabelecimento empresarial, não se confundindo com outros elementos de identificação da empresa, como a marca dos produtos vendidos ou o título do estabelecimento.

O nome empresarial torna possível a participação do empresário individual e coletivo no mundo dos negócios, tornando-o sujeito de direitos e obrigações e dando-lhe, ainda, legitimidade processual ativa e passiva. O nome empresarial, de acordo com o funcionamento da empresa individual ou societária, tem a seguinte estruturação:

1. **Firma** – Só pode ter por base o nome civil do empresário individual ou dos sócios da sociedade empresária, quando o núcleo do nome empresarial corresponde a um ou mais nomes civis do empresário, que corresponde também a sua assinatura, conforme artigo 1.155 do Código Civil.

Quando determinada sociedade utiliza-se de firma, estamos diante de uma **FIRMA SOCIAL**. A firma social identifica algumas espécies de sociedades em que obrigatoriamente o nome dos sócios deve figurar no nome empresarial. Em regra, a firma social identifica as sociedades em que há sócios de responsabilidade ilimitada (artigo 1.157 do Código Civil), como por exemplos a sociedade em nome coletivo e a sociedade em comandita simples.

Admite-se constar da firma apenas o nome de um dos sócios, acompanhado do termo "CIA" ao final, por extenso ou abreviadamente.

A firma social deve atender ao disposto no artigo 1.165 do Código Civil, que determina: toda vez que sócio vier a falecer, for excluído ou se retirar, o seu nome não pode ser conservado na firma. Não se permite a manutenção do nome nem mediante cláusula contratual.

2. Denominação – Pode ter por base um nome civil ou qualquer outra expressão linguística que a doutrina costuma designar "elemento fantasia".

Somente duas espécies societárias podem escolher entre firma e denominação: a limitada e a comandita por ações.

A sociedade anônima só adota denominação. No entanto, o artigo 1.160, parágrafo único do Código Civil, repetindo o artigo 3º da Lei das S.A., permite que na denominação possa constar o nome do fundador, acionista ou pessoa que tenha contribuído para o êxito da sociedade. Isso não transforma a denominação em firma.

CAPÍTULO 6

Propriedade industrial. Bens da propriedade industrial. A propriedade intelectual. Patenteabilidade. Registrabilidade. Exploração da propriedade industrial

A Convenção da União de Paris de 1883 instituiu internacionalmente o sistema de propriedade industrial. Atualmente, em nosso ordenamento jurídico, a Lei nº 9.279/1996 regula a propriedade industrial, em consonância com nossa Constituição Federal.

Seguem os bens da propriedade industrial.

1. INVENÇÃO

É a criação original do espírito humano. O requisito para que a invenção possa ter proteção jurídica, além da originalidade, é a novidade e a aplicação industrial. O registro dar-se á no Instituto Nacional da Propriedade Industrial (INPI).

2. MODELO DE UTILIDADE

É a melhoria introduzida na forma de objetos conhecidos, a fim de aumentar a sua utilidade. Não se trata de uma invenção, mas sim de um acréscimo na utilidade. Pode-se dizer que uma novidade parcial é agregada.

A patente é o único instrumento de prova admissível pelo direito para a demonstração de concessão do direito de exploração exclusiva de uma invenção ou modelo de utilidade. Mas para que a patente possa ser concedida, devem ser observados determinados requisitos: (a) novidade; (b) aplicação industrial e (c) atividade inventiva.

- a) **Novidade:** é necessário que a criação seja desconhecida pela comunidade. Uma invenção e modelos de utilidade são considerados novos quando não compreendidos no 'estado da técnica'.

O estado da técnica constitui tudo aquilo que se torna acessível ao público antes da data do depósito de patente. Dessa forma, uma invenção compreendida no estado da técnica, significa dizer que já era de domínio público e, portanto, não patenteável.

Se determinada pessoa inventou algo (sempre utilizável na indústria) e se a invenção caiu em domínio público, o inventor não terá mais direito à proteção jurídica de seu invento, pois falta o requisito da novidade.

- b) **Aplicação industrial:** poderá ser patenteada somente a criação suscetível de aproveitamento industrial (invenção de máquina inútil ou que dependa de combustível inexistente para funcionar, por exemplo, não poderá ser privilegiada);
- c) **Atividade inventiva:** a invenção e o modelo de utilidade são dotados de atividade inventiva sempre que, para um técnico no assunto, não decorram, óbvia e evidentemente, do estado da técnica.[9]

A patente confere ao seu titular o direito de impedir que terceiro, sem o seu consentimento, utilize, de qualquer forma, a invenção ou modelo de utilidade.

Caso o titular de uma patente opte por autorizar terceiros a utilizar sua criação, poderá fazê-lo através de um contrato de licença de exploração, o qual deverá ser averbado no Instituto Nacional de Propriedade Industrial.

Os direitos de exploração da patente serão compulsoriamente licenciados a terceiros, basicamente quando: (a) o titular exerce os direitos dela decorrentes de forma abusiva ou pratica atos que configurem abuso de poder econômico[10] e (b) pela não disponibilização da invenção ou do modelo de utilidade frente às necessidades do mercado.

---

9   Não havendo atividade inventiva, trata-se de uma mera descoberta.
10 Artigo 173, § 4º da Constituição Federal.

A extinção da patente ocorre: (a) pela expiração do prazo de sua vigência; (b) pela renúncia de seu titular; (c) pela caducidade; (d) pelo não pagamento da retribuição anual ao INPI (Instituto Nacional da Propriedade Industrial) e (e) por estrangeiros que deixem de nomear procurador com poderes para receber citação.

3. DESENHO INDUSTRIAL

O desenho industrial é considerado novo quando não compreendido no estado da técnica. A proteção jurídica concedida ao desenho industrial decorre de registro no Instituto Nacional de Propriedade Industrial. O registro será concedido apenas se o desenho tiver uma aplicação na indústria.[11]

O registro vigorará pelo prazo de dez anos contados a partir da data do depósito, prorrogável por três períodos sucessivos de cinco anos cada. Registre-se que não há caducidade do registro de um desenho industrial.

4. MARCA

A marca surgiu como indicação de procedência do produto ou artigo. Adquire forma nominativa, figurativa ou mista.

Para que uma marca possa ser registrada, é indispensável o atendimento de três condições: (a) novidade relativa; (b) não colidência com marca notória; e (c) não impedimento.

Quanto à novidade relativa, a expressão linguística ou signo utilizado não precisa ser necessariamente criado pelo empresário; o que deve ser nova é a utilização daquele signo na identificação de produtos industrializados ou comercializados, ou de serviços prestados. O princípio da novidade relativa atende a dois subprincípios: *a) subprincípio da anterioridade* e *b) subprincípio da especialidade ou especificidade de uma atividade*. O primeiro subprincípio não será relevante se não atendido o segundo. Assim, quando se referir ao mesmo ramo de atividade, privilegia-se aquele que primeiro fez o registro do signo ou expressão

---

11 As obras de cunho meramente artísticos são protegidas pela Lei nº 9.610/1998.

linguística. Tratando-se de atividades distintas, pode coexistir o mesmo nome marcário, desde que não se confundam as atividades e que não gere dúvidas para o consumidor.

Quanto a não colidência com marca notória, se alguém pretender apropriar-se de marca que evidentemente não lhe pertence, o seu pedido poderá ser indeferido pelo INPI, mesmo que não exista registro anterior da marca no Brasil.

Essa prática consiste em requerer o registro de marcas ainda não exploradas, mas já utilizadas por outro empresário, responsável pela criação e consolidação da marca no exterior.

Caso esse empresário de marca exterior intencione expandir seus negócios para o mercado brasileiro, encontrando-a já registrada em nome de outra pessoa, em princípio o titular do direito de exclusividade,[12] poderá requerer ao INPI a nulidade do registro anterior, bem como a concessão do direito industrial em seu nome, desde que demonstre a notoriedade de sua marca.

Quanto ao não impedimento, é importante considerar que a lei impede o registro, como marca, de determinados signos.

O impedimento legal obsta o registro do signo como marca, como é o caso da proibição de utilização da bandeira e brasão das Forças Armadas, mas não a sua utilização na identificação de produtos ou serviços.

A proteção da marca se restringe à classe a que pertence, salvo quando o INPI a declara "marca de alto renome". Nessa hipótese, a proteção é ampliada a todas as classes.

O registro da marca estende-se por dez anos, a partir da sua concessão.[13] Ao contrário do prazo da patente, é prorrogável por períodos iguais e sucessivos, devendo o interessado pleitear a prorrogação sempre no último ano de vigência do registro.

A ação de nulidade de marca pode ser proposta pelo INPI, ou qualquer pessoa com legítimo interesse, nos autos da ação. Segundo o disposto no artigo 173 da Lei nº 9.279/1996, o juiz poderá determinar a suspensão dos efeitos do registro e do uso da marca.

---

12   Contrafação de propriedade industrial.
13   Artigo 133 da Lei nº 9.279/1996.

CAPÍTULO 7

Da escrituração e dos livros comerciais obrigatórios: espécies, requisitos e valor probante

Analisaremos as duas outras obrigações do empresário: a de escriturar os livros empresariais e a de levantar anualmente o balanço patrimonial. Nos dizeres de João Eunápio Borges, a escrituração está para o comerciante como a bússola para os navegantes. Sem ela, não conseguiria ele orientar-se em seus negócios, e o naufrágio da falência seria inevitável.

1. **Livros Obrigatórios:** são aqueles cuja escrituração é imposta ao empresário, pois sua ausência implica sanções. Os livros obrigatórios podem ser:

   1.1. Livros obrigatórios comuns: são livros de escrituração obrigatória a todos os empresários. Atualmente, no Brasil, existe apenas um livro obrigatório comum: o Diário, por força do artigo 1.180 do Código Civil. Independentemente do tipo de sociedade adotado ou do ramo de atividade que explora, todos os empresários devem escriturar o livro Diário.

   1.2. Livros obrigatórios especiais: a escrituração desses livros é imposta apenas a uma determinada categoria de empresários. Tem-se como exemplo o **Livro de Registro de Duplicatas**, obrigatório apenas para os empresários que emitem duplicatas, conforme o artigo 19 da Lei nº 5.474/1968.

2. **Livros Facultativos:** tais livros são escriturados para que o empresário possa melhor se orientar e controlar seus negócios. Sua ausência não implica qualquer sanção. Exemplo: Livro-caixa.

3. **Livros Fiscais:** ao contrário de todos os outros, não têm a função de auxiliar o empresário na administração de sua em-

presa, nem são de interesse dos sócios, acionistas ou credores. Esses livros servem de orientação para o Fisco e são regidos por legislação específica.

Atendendo aos ditames da Constituição Federal, foi concedido às Microempresas e Empresas de Pequeno Porte tratamento diferenciado, favorecido e simplificado. Para essas pessoas jurídicas permanece a obrigatoriedade da escrituração, porém de forma simplificada.

Em 1996, foi instituído o programa SIMPLES (Sistema Integrado de Impostos e Contribuições das Microempresas e Empresas de Pequeno Porte). O empresário e o microempresário optantes do SIMPLES não estão obrigados à escrituração do Diário, entretanto devem manter os livros Caixa, com registro de toda a movimentação financeira, inclusive bancária, e o Registro de Inventário, com a relação do estoque existente ao término de cada ano.

Para que a escrituração de livros empresariais possa ser considerada regular, alguns requisitos devem ser observados. Esses requisitos classificam-se de duas formas.

Primeiramente, quanto ao modo pelo qual são preenchidos os livros empresariais. Devem obedecer aos preceitos da ciência contábil, observando-se as prescrições legais do Decreto-Lei nº 486/1969, bem como o artigo 1.183 do Código Civil. [14]

O parágrafo único do mesmo artigo permite o uso de códigos e abreviaturas.

Não menos importante do que o modo de preenchimento é a segurança que deve ser dada à escrituração dos livros empresariais. São formalidades que definem a responsabilidade pela escrituração – identificando o empresário e o seu contador – e que, em tese, podem dificultar alterações nos lançamentos feitos. São três: termo de abertura, termo de encerramento e autenticação da Junta Comercial.

A escrituração somente é considerada regular se todos os requisitos de modo de preenchimento e de segurança quanto à escrituração

---

14 "Art. 1.183. A escrituração será feita em idioma e moeda corrente nacionais e em forma contábil, por ordem cronológica de dia, mês e ano, sem intervalos em branco, nem entrelinhas, borrões, rasuras, emendas ou transportes para as margens."

dos livros empresariais forem observados, caso contrário diz-se que a escrituração é irregular.

A irregularidade ou a ausência de livros empresariais implica efeitos civis e penais. O empresário, civilmente:

1. Não poderá propor ação de verificação de contas para requerer falência de outro empresário com base em atos de falência;
2. Não poderá valer-se da eficácia probatória que possuem os livros empresariais, nos termos do artigo 379 do Código de Processo Civil;
3. Não poderá propor recuperação de empresas;
4. Se requerida a exibição dos livros empresariais e o empresário não possuí-los ou possuí-los sem observados os requisitos de modo e segurança de escrituração, nos termos do artigo 358, I, do Código de Processo Civil, presumir-se-ão verdadeiros os fatos relatados pelo requerente da exibição judicial.

Penalmente, um bom exemplo a respeito da responsabilidade e obrigatoriedade de exibição dos livros empresariais é a falência.

Para Carvalho de Mendonça não há segredo comercial que mereça tutela. O falido tem por dever entregar aos síndicos, sem demora, os livros obrigatórios e auxiliares ou facultativos, sob pena de prisão.

1. EXIBIÇÃO DOS LIVROS

O artigo 1.190 do Código Civil concede o direito ao empresário ou à sociedade empresária de manter sigilo dos seus livros empresariais, de modo que nenhuma autoridade, juiz ou tribunal, sob qualquer pretexto, poderá fazer ou ordenar diligências sem previsão legal. Tais restrições não se aplicam às autoridades fiscais, conforme o artigo 1.193 do Código Civil, como, por exemplo, a Receita Federal e o INSS.[15]

Além da fiscalização exercida pelos órgãos do Poder Executivo, a legislação prevê a possibilidade de o juiz decretar a exibição dos livros empresariais, como meio de prova. O Código de Processo Civil Brasileiro prevê duas modalidades de exibição judicial: a parcial e a total.

---

15 Súmula 439 do STF: "Estão sujeitos a fiscalização tributária ou previdenciária quaisquer livros comerciais, limitado o exame aos pontos objeto de investigação".

A exibição parcial será ordenada na pendência da lide. O exame da parte exibida deverá ser feito na presença do empresário a quem os livros pertencerem ou na da pessoa por ele nomeada para assistir à verificação.[16]

A exibição pode ocorrer no curso do processo de conhecimento ou como medida cautelar preparatória para futura ação de conhecimento.

2. FORÇA PROBANTE DOS LIVROS EMPRESARIAIS

O Código de Processo Civil, em seu artigo 378, dispõe que os livros empresariais provam contra o seu autor, sendo lícito, todavia, ao empresário ou à sociedade empresária, demonstrar, por todos os meios de prova permitidos, que os lançamentos não correspondem à verdade dos fatos.

Tais livros, preenchidos os requisitos legais, também fazem prova a favor do seu autor em caso de litígio com outros empresários, como complementa o artigo 379 do mesmo Código.

Saliente-se que se dos fatos que resultam dos lançamentos escriturados, uns são favoráveis ao interesse de seu autor e outros lhe são contrários, ambos serão considerados em conjunto como unidade. A escrituração contábil é indivisível.

O Código Civil determina que o balanço patrimonial exprima, com fidelidade e clareza, a situação real da empresa. Atendidas as peculiaridades desta, bem como as disposições das leis especiais, o balanço patrimonial indicará, distintamente, o ativo e o passivo.

O balanço de resultado econômico, ou demonstração da conta de lucros e perdas, acompanhará o balanço patrimonial e dele constarão crédito e débito, na forma da lei especial, como dispõe o artigo 1.189, do mesmo Código.

Do balanço constarão todos os bens, mercadorias, dinheiros e créditos, bem como dívidas e obrigações passivas. Será semestral o balanço para as instituições financeiras e anual para os demais empresários. É um diagnóstico preciso do andamento dos negócios e condição elementar para a obtenção de favores legais, entre os quais o da recuperação de empresas.

---

16 A Súmula 260 do STF limita o exame dos livros comerciais, em determinada ação judicial, às transações entre os litigantes.

CAPÍTULO 8

Sociedades simples e empresária. Sociedades não personificadas: sociedade em comum e sociedade em conta de participação

O Código Civil possibilita a criação das seguintes sociedades: sociedade não personificada, artigos 986 a 996; sociedade personificada, artigos 997 a 1.038; sociedades empresárias, artigos 1.039 a 1.092; sociedade cooperativa, artigos 1.093 a 1.096 e as sociedades coligadas, artigos 1.097 a 1.101. Esse rol é taxativo.

As sociedades devem preencher os requisitos previstos no artigo 104 do Código Civil vigente, quais sejam: agente capaz; objeto lícito, possível, determinado ou determinável e forma prescrita ou não defesa em lei.

Entre as sociedades não personificadas estão as **sociedades em comum**, sejam aquelas que existem apenas de fato, por não terem sido registradas no órgão competente, sejam aquelas que, mesmo registradas, passaram por uma substancial mudança em sua condição de fato, não tendo levado a registro tais modificações (artigos 986 a 990).

Tais regras têm caráter punitivo e afastam quaisquer benefícios concedidos por lei às sociedades empresárias, além de trazerem pesada responsabilização para os seus sócios, como, por exemplo, o fato de serem declarados falidos e não poderem se beneficiar do instituto da recuperação de empresas.

Os seus bens e dívidas sociais constituem patrimônio especial do qual os seus sócios são titulares em comum. A responsabilidade dos sócios, frente às obrigações sociais, será solidária e ilimitada.

Outra espécie de sociedade não personificada é a **sociedade em conta de participação** (artigos 991 a 996). Uma sociedade oculta, para tanto, não possui firma social e o seu contrato não pode ser arquivado na Junta Estadual. Essa sociedade possui duas categorias de sócios: o sócio ostensivo, aquele que responde e contrata pela sociedade, possuindo responsabilidade solidária e ilimitada pelas obrigações sociais, e o sócio participante, mero investidor que não figura em nome da sociedade, razão pela qual não tem responsabilidade pelas obrigações sociais.

CAPÍTULO 9

Sociedades simples e empresária: conceito, classificação, características, distinções. Sociedades personificadas: sociedade simples, cooperativas, sociedade em nome coletivo, em comandita simples e coligadas. Da sociedade dependente de autorização: sociedade nacional e sociedade estrangeira[17]

As **sociedades simples** são constituídas por intermédio de contrato, a partir da união de esforços para o desenvolvimento de profissões intelectuais de natureza científica, literária ou artística. Conforme o parágrafo único do artigo 966 do Código Civil brasileiro, não possuem caráter empresarial, sendo que sua atividade não é profissional e organizada. O artigo 997 do Código Civil define o conteúdo mínimo das cláusulas contratuais, que, em regra, serão livremente pactuadas.

---

17 Existem capítulos adiante específicos para as sociedades limitadas e sociedades por ações, já que tais sociedades são mais cobradas nos concursos públicos.

As sociedades de advogados se submetem às regras do Estatuto da Advocacia (Lei nº 8.906/1994).

As **sociedades cooperativas** são consideradas sociedades simples conforme o parágrafo único do artigo 982 do Código Civil, independentemente do seu objeto social, e são disciplinadas pela Lei nº 5.764/1971. São formadas a partir da união de, no mínimo, 20 pessoas que reciprocamente se obrigam a contribuir com bens ou serviços para o exercício de uma atividade econômica, de proveito comum e sem objetivo de lucro.

Ainda em relação às cooperativas, por serem consideradas sociedades simples, vale dizer que se caracterizam pela regra da responsabilidade ilimitada, mesmo podendo optar pela forma limitada, e que a responsabilidade entre os sócios será sempre solidária, guardada a proporção de suas quotas. Em relação ao fundo de reserva, todavia, há indivisibilidade social.

As **sociedades empresárias** são pessoas jurídicas de direito privado, constituídas para o exercício da atividade econômica organizada para a produção ou circulação de bens e serviços, de forma profissional.

As sociedades, quando se relacionam entre si a ponto de demonstrar participação em suas relações de capital, são consideradas **sociedades coligadas** e, de acordo com o artigo 1.097 do Código Civil, podem ser de **simples participação**, sociedade de cujo capital outra sociedade possua menos de 10% com direito a voto; **filiada**, sociedade de cujo capital outra sociedade participa com 10% ou mais, do capital da outra, sem controlá-la; e **controlada**, quando, além do capital de participação superior a 10%, houver também o poder de controle de eleger a maioria dos administradores e possua a maioria dos votos das deliberações.

Em relação às sociedades empresariais, faremos, preliminarmente, breves considerações a respeito das sociedades contratuais ou de pessoas, sejam as sociedades limitadas, em nome coletivo e comandita simples. Em seguida trataremos das sociedades de capital ou institucionais, anônimas e de comandita por ações. Outra classificação bastante utilizada pela doutrina é aquela que divide as sociedades em **limitadas**: a própria limitada e sociedade anônima; **ilimitadas**: em nome coletivo e sociedade simples e **sociedades mistas**: comandita simples e comandita por ações.

1. SOCIEDADE EM NOME COLETIVO

Trata-se de uma sociedade constituída mediante contrato escrito e formada somente por pessoas naturais, na qual todos os sócios têm responsabilidade solidária e ilimitada pelas obrigações sociais.

2. SOCIEDADE EM COMANDITA SIMPLES

Nesse tipo societário, há duas espécies de sócios: os comanditados, pessoas físicas com responsabilidade solidária e ilimitada pelas obrigações sociais, já que além de administrar, contratam pela sociedade; e os comanditários, pessoas físicas ou jurídicas com responsabilidade limitada ao valor de sua quota, já que são meros investidores de capital, não participando de sua administração (artigo 1.045, CC).

3. SOCIEDADES DEPENDENTES DE AUTORIZAÇÃO

3.1. Sociedade nacional

Segundo o artigo 1.126 do Código Civil é considerada sociedade nacional aquela organizada em conformidade com a legislação brasileira, com registro, sede e administração no Brasil. Pode ser transferida desde que o mero registro seja transferido para outro país.[18] As empresas jornalísticas e de radiodifusão sonora e de sons e imagens (artigo 222, CF) só podem funcionar se pelo menos 70% do capital votante pertençam a brasileiros natos ou naturalizados há mais de dez anos, e

---

18   Art. 1.127 do Código Civil brasileiro.

desde que, obrigatoriamente, os sócios brasileiros exerçam a gestão das atividades e estabeleçam o conteúdo de sua programação.[19]

O requerimento de autorização deve ser instruído com uma cópia do contrato social e a assinatura de todos os sócios. Em se tratando de sociedade por ações, cópia dos documentos exigidos pela Lei nº 6.404/1976 (Lei das Sociedades por Ações), valendo lembrar a necessidade das cópias autênticas do projeto do estatuto e prospecto. O registro será feito após a publicação, que deverá ser feita pelo empresário no prazo de 30 (trinta) dias. Após o registro, deve ser feita nova publicação por igual prazo, ou seja, 30 (trinta) dias. A autorização se deve por toda a existência da sociedade.[20]

3.2. Sociedade estrangeira

Trata-se de uma sociedade simples ou empresária não organizada em conformidade com o Direito brasileiro, com registro originário ou sede em outro país, pouco importando a origem do capital. Gladston Mamede cita como exemplo de sociedade nacional aquela composta por dois iranianos, criada segundo a nossa regra e em nosso país, assim como sociedade estrangeira, aquela constituída por brasileiros segundo as regras e registros do Panamá.

O pedido de autorização deverá ser instruído com os seguintes documentos:

1. Prova da constituição da sociedade segundo as leis de seu país;
2. Inteiro teor do contrato ou estatuto;
3. Relação dos membros de todos os órgãos da administração da sociedade, com nome, nacionalidade, profissão, domicílio e o valor da participação de cada um no capital da sociedade;

---

19 O parágrafo único do art. 1.126 do Código Civil brasileiro estabelece que ficará arquivada na sede da sociedade uma cópia autenticada do documento comprobatório da nacionalidade dos sócios.
20 Art. 1.133 do Código Civil.

4. Cópia do ato que autorizou o funcionamento no Brasil, com poderes expressos para aceitar as condições exigidas para a autorização;
5. Prova de nomeação do representante no Brasil, com expressos poderes para aceitar as condições exigidas para a autorização;
6. Último balanço.

Segundo o artigo 1.135 do Código Civil brasileiro, serão estipuladas condições para o funcionamento da empresa em nosso país, correspondentes às bases da ordem econômica e financeira nacionais.

O estabelecimento empresarial subordinado poderá atuar no Brasil bastando o registro na Junta Comercial à margem da inscrição principal, sendo possível adicionar ao nome empresarial a expressão "do Brasil" ou "para o Brasil". Após a inscrição, no prazo de 30 dias, o termo de inscrição deverá ser publicado no Diário Oficial.

A sociedade poderá se nacionalizar, transferindo sua sede para o Brasil, após autorização do Poder Executivo. Para tanto, são necessários o ato de deliberação da nacionalização; prova da realização do capital social, pela forma declarada no contrato ou no estatuto social; além dos documentos exigidos no artigo 1.134 do Código Civil, já mencionados neste tópico.

(Juiz do Trabalho da 23ª região – 2008 – primeira etapa) Sobre a Sociedade Cooperativa, segundo o Código Civil, analise as assertivas abaixo e escolha a alternativa CORRETA.

I – Na sociedade cooperativa limitada os sócios respondem somente pelo valor de suas quotas e pelo prejuízo verificado nas operações sociais, guardada a proporção de sua participação nas mesmas operações.

II – A responsabilidade do sócio pode ser ilimitada, caso em que responde solidária e ilimitadamente pelas obrigações sociais.

III – Entre as características da sociedade cooperativa, pode-se afirmar que prevalece a indivisibilidade do fundo de reserva entre os sócios, mesmo que haja dissolução da sociedade.

a) Estão corretos apenas os itens I e II.
b) Estão corretos apenas os itens I e III.
c) Estão corretos apenas os itens II e III.
d) Todos os itens estão corretos.
e) Nenhum item está correto.

Resposta correta: alternativa D. As cooperativas, por serem consideradas sociedades simples, se caracterizam pela regra da responsabilidade ilimitada, podendo ainda optar pela forma limitada. A responsabilidade entre os sócios será sempre solidária, guardada a proporção de suas quotas, entretanto quanto ao fundo de reserva há indivisibilidade social. Nessa medida, fica fácil perceber que todos os três enunciados estão absolutamente corretos.

CAPÍTULO 10

Sociedade limitada: conceito e legislação. Direitos e obrigações dos sócios e administradores. Da saída do sócio. Do capital social. Da exclusão do sócio

1. ASPECTOS GERAIS E REGÊNCIA SUPLETIVA DAS SOCIEDADES LIMITADAS[21]

O Código Civil de 2002 regula a matéria, assegurando aos sócios a liberdade de adotar as regras das sociedades simples ou das sociedades anônimas. Fábio Ulhôa Coelho considera as sociedades simples como instáveis, pois basta notificação prévia de 60 dias para a retirada de sócio, enquanto nas sociedades anônimas a retirada do sócio exige-se justa causa. Verdade é que tal solução é supletiva e não regra geral, em vista da aplicação principal do Código Civil a partir do artigo 1.052. De acordo com o artigo 1.053 do Código Civil, se o contrato social for omisso e houver lacunas na lei deve-se aplicar a regência supletiva das regras da sociedade simples, que é uma sociedade de pessoas, salvo se houver previsão contratual para aplicação das normas de sociedade anônima.

---

21 A ideia do presente trabalho é a de esgotar o edital para a Magistratura do Trabalho, portanto adentraremos somente aos tópicos que fazem estritamente parte de seu estudo.

Tratando-se da responsabilidade limitada dos sócios pelas obrigações sociais, vejamos como funcionam as regras para a determinação do limite da responsabilidade dos sócios.

Para que a sociedade possa funcionar, é imperioso que receba recursos de seus sócios. A injeção de capital na sociedade poderá ocorrer à vista ou a prazo. O ato pelo qual o sócio promete injetar capital na sociedade denomina-se subscrição. Na medida em que esse sócio de fato ingressa com o capital, ele integraliza o que subscreveu. Equivale a dizer que paga à sociedade o que prometeu. O pagamento realizado pelos sócios determina o seu capital social.

Segundo o artigo 981 do Código Civil, todos os sócios deverão contribuir para a formação do capital social da sociedade com dinheiro, bens ou créditos, sendo "nula a estipulação contratual que exclua qualquer sócio de participar dos lucros e perdas sociais".[22]

Não é possível a constituição de sociedade por apenas uma pessoa. Em se tratando de unipessoalidade incidental temporária, como por exemplo, no caso de falecimento de um dos sócios, a pluralidade deve restabelecer-se no prazo máximo de 180 (cento e oitenta) dias, devendo ser dissolvida a sociedade caso sua reconstituição não ocorra nesse prazo.[23]

2. QUOTAS, CESSÃO E PENHORA

As sociedades limitadas são constituídas por quotas, de maneira que ao contribuírem para o capital social, os sócios transferem dinheiro ou bens à sociedade,[24] adquirindo em contrapartida quotas de participação, que perfazem a divisão do capital social. Ao subscrever uma quota do capital social, o sócio adquire o direito de ser sócio. A seguir, trabalharemos a possibilidade de cessão de tais quotas.

---

22 Artigo 1.008 do Código Civil brasileiro.
23 Artigo 1.033, IV, do Código Civil.
24 É expressamente vedada na sociedade limitada a integralização das quotas por prestação de serviços (só se admite a integralização da participação societária com serviços na sociedade simples).

As quotas podem ser iguais ou desiguais. Segundo a doutrina, isso quer dizer, não que as quotas possam ter valores diferentes, mas que cada sócio pode ter quantidades diferentes de quotas. Há, contudo, divergência na doutrina.[25]

O sócio que subscrever quotas e deixar de integralizá-las em prazo acordado no contrato social é chamado de "remisso". A sociedade pode, neste caso, cobrar do sócio o valor não integralizado, com juros e correção monetária, ou, se preferir, exclui-lo dos quadros societários.

Nos demais países, com legislação de origem romana, é livre a cessão de quotas, todavia, no nosso direito, tal questão depende de análise, como aquela referente à norma supletiva adotada pela sociedade limitada em seu contrato social. No silêncio do contrato, a cessão de quotas é permitida, desde que não haja oposição de sócios que representem 25% do capital social.[26]

Ainda em relação à questão das quotas, tratemos agora sobre sua penhorabilidade, questão sempre polêmica, que tem direcionado a doutrina, ao interpretar os artigos 1.057 e 1.058 do Código Civil, a afirmar essa possibilidade. Vale consignar que o diploma civil se cala quanto à cessão para a própria sociedade.

3. A VONTADE DA SOCIEDADE

Marlon Tomazete afirma que a sociedade limitada é uma pessoa jurídica e como tal é dotada de vontade própria, expressa pelos sócios em reunião ou assembleia. Assim, havendo pronunciamento por escrito de todos os sócios, dispensa-se uma e outra.[27]

Nas sociedades compostas por poucos sócios, as deliberações podem ser tomadas em reunião, desde que prevista no contrato social. Quando a sociedade for constituída por mais de 10 (dez) sócios, as deliberações deverão ser tomadas por assembleia, observados todos os seus requisitos e formalidades.

---

25   Artigo 1.055 do Código Civil.
26   Artigo 1.057 do Código Civil.
27   § 3º do artigo 1.072 do Código Civil.

A obrigatoriedade da assembleia começa nos primeiros quatro meses após o final do exercício social; tem por finalidade apreciar as contas dos administradores, deliberar sobre o balanço, designar administradores e quaisquer outras matérias, segundo deliberação dos sócios.

Tais assembleias devem ser convocadas pelos administradores, ainda que subsidiariamente possam ser convocadas pelos sócios ou pelo Conselho Fiscal.[28] Caso os administradores retardem a convocação da assembleia por mais de 60 (sessenta) dias, os sócios poderão convocá-la. Vale dizer que sócios que possuem mais de 20% do capital social também poderão convocar assembleia, caso não atendido, em 8 (oito) dias, pedido de convocação fundamentado, com indicação das matérias a serem tratadas. O Conselho Fiscal apenas o fará diante do retardamento da convocação anual por mais de 30 (trinta) dias ou quando ocorrerem motivos graves e urgentes.

A convocação dar-se-á pela imprensa, procedimento que pode ser dispensado, desde que compareçam todos os sócios ou que todos deem ciência de sua realização por escrito, o que nos parece uma ótima solução, tendo em vista o alto custo desse método.

Caso o procedimento dos editais tenha seguimento, a publicação deverá ser feita por 3 (três) vezes na imprensa oficial, além da divulgação em jornal de grande circulação. Da data da primeira publicação até a realização da assembleia, deve-se observar o prazo de 8 (oito) dias. Tomados todos esses procedimentos de convocação, a assembleia pode ser instalada, exigindo-se, em primeira convocação, a presença de titulares de três quartos do capital social.

A segunda convocação, caso o quórum não tenha sido atingido, ocorrerá do mesmo modo, porém com antecedência mínima de 5 (cinco) dias entre a convocação e a realização da assembleia. Essa assembleia realizar-se-á sem a necessidade de um quórum mínimo de sócios. É presidida e secretariada por sócios escolhidos entre os presentes.[29]

Os votos serão contados de acordo com a participação no capital social. O direito de voto poderá ser exercido pessoalmente ou por procurador, que seja sócio ou advogado.

---

28 Artigo 1.073 do Código Civil.
29 Artigo 1.075 do Código Civil.

3.1. Deliberações

a) Para a modificação do contrato social, fusão, incorporação, dissolução ou a cessação do estado de liquidação, exige-se a aprovação de três quartos do capital social.
b) No que tange à nomeação, destituição ou fixação de remuneração dos administradores, além de pedido de recuperação judicial, exige-se mais da metade do capital social.
c) Unanimidade para a designação de administrador não sócio, enquanto o capital não estiver integralizado.
d) Quórum de dois terços para a destituição de administrador sócio, nomeado pelo contrato social, e para a nomeação de administrador não sócio, quando o capital já estiver integralizado.

Para as demais deliberações exige-se a maioria dos votos dos presentes à assembleia, salvo exigência prevista no contrato social.

4. ADMINISTRAÇÃO DA SOCIEDADE LIMITADA

Se o contrato social permitir, poderá haver administrador que não seja sócio. Trata-se de inovação trazida pelo Código Civil.

Existindo permissão no contrato social de administrador não sócio, este será escolhido por deliberação dos sócios.

O administrador deverá ser investido no cargo mediante um termo de posse a ser assinado no livro de atas da administração. Tal ata deverá ser registrada na Junta Comercial, para dar publicidade ao ato. Se o administrador, nos 30 (trinta) dias seguintes após a sua nomeação, não comparecer para assinar o termo de posse, este se tornará sem efeito.[30]

A administração cessa pelo término do contrato, se ele não for reconduzido ao cargo. Também cessa a administração pela destituição do administrador, que pode ocorrer a qualquer tempo por deliberação dos sócios.

O Código Civil de 2002 admite a figura do administrador estranho ao quadro social, quando exista permissão contratual. Caso o

---

30 § 1º do art. 1.062 do Código Civil.

capital não esteja integralizado, para a permissão de administrador não sócio, é necessária a aprovação por no mínimo dois terços dos sócios, segundo o artigo 1.061 do mesmo código.

A nomeação dar-se-á no contrato social ou em ato separado. A distinção na escolha do instrumento de nomeação traz efeitos na destituição. Exigem-se no mínimo dois terços do capital social, caso a nomeação tenha sido realizada no próprio contrato social e maioria do capital social, se a nomeação tiver ocorrido por ato separado.[31] Parte da doutrina não aceita a pessoa jurídica como administradora, entendimento de que não coadunamos.

Em todo caso, o administrador deverá ser pessoa idônea, vedados aqueles condenados por crimes contra a administração pública, falimentares, de prevaricação, corrupção ativa ou passiva, concussão, peculato, crime contra a economia popular, contra o sistema financeiro nacional, contra as normas de defesa da concorrência, as relações de consumo, a fé pública ou a propriedade, enquanto perdurarem os efeitos da condenação (§1º do art. 1.011 do Código Civil).

4.1. Direitos e obrigações dos administradores

Os poderes de gestão da sociedade conferidos ao administrador são definidos no contrato social, desde que o assunto não seja de competência privativa da assembleia de sócios. Os administradores possuem o poder de representar a sociedade, tomando vários atos em seu nome, como a formalização de determinados contratos para a realização de seu objeto social.

No exercício de tais poderes, pode o administrador causar danos à sociedade. Na ocorrência de tais danos, ele se responsabilizará pessoalmente, se agir em desacordo com os deveres de diligência e de lealdade.

---

31   §1º do art. 1.063; inciso III do art. 1.071 e inciso II do art. 1.076.

4.2. A sociedade limitada e sua relação com terceiros

Saliente-se que não são raras as vezes que os administradores realizam atos que extrapolam os limites, imputados ou não a eles, pois são órgãos que expressam a vontade da sociedade. É também verdade que se o administrador realizar atos que não extrapolem tais limites, mas cause prejuízos a terceiros, a responsabilidade será exclusiva da sociedade.

Trabalharemos, daqui por diante, os atos dos administradores realizados em desobediência à lei ou ao contrato social, não restando dúvida de que estaremos diante de situações em que somente o administrador será responsabilizado.

A questão inicial está na "aparência", pois não se pode exigir do terceiro de boa-fé que sempre ao contratar com uma sociedade analise o contrato social e interprete as cláusulas de poderes do administrador. Não nos parece justo dizer que tais restrições contratuais são oponíveis a terceiros, pois isso seria uma exigência demasiada.

Se o ato parece regular, é dessa forma que ele deve ser tratado. A sociedade tem culpa "in eligendo", por ter escolhido mal seu gerente, devendo ela suportar tais prejuízos. Esses atos praticados pelo administrador são conhecidos como atos "ultra vires societatis".

Entendemos que o nosso Código Civil acolheu parcialmente a teoria "ultra vires", já que o artigo 1.015 traz algumas hipóteses em que a sociedade não será responsabilizada pelos atos de seus administradores. Esses atos jamais poderão ser imputados a terceiros de boa-fé, quando deverá ser observada a teoria da aparência, exceto nas relações perante fornecedores e instituições financeiras e de créditos.

As três hipóteses "ultra vires societatis", que devem ser aplicadas apenas da maneira já explicada na presente obra e que estão elencadas no parágrafo único do art. 1.015 do Código Civil, são as seguintes: 1) quando haja limitação de poderes dos administradores inscrita no registro próprio; 2) quando o terceiro conhecia do excesso de mandato; 3) quando a operação realizada for evidentemente estranha ao objeto social da pessoa jurídica.

É importante deixarmos claro mais uma vez que os terceiros de boa-fé não responderão pelos atos excessivos do administrador ou da sociedade. A aparência é suficiente para vincular a sociedade, embora o STJ entenda que a má-fé é absolutamente inerente a tais atos. Frise-se que não participamos do entendimento do referido Tribunal.

Na segunda etapa do "XV Concurso da 23ª Região – Cuiabá – Mato Grosso" verificou-se a seguinte pergunta: **Considerando a "Teoria Ultra Vires" do Direito Civil, conceitue-a e discorra sobre sua aplicabilidade no Direito do Trabalho.**

Resposta possível: o examinando deve, conforme exposto no tópico anterior, demonstrar conhecimento das linhas de raciocínio de nossos tribunais superiores, por isso trouxemos as duas correntes sobre o assunto. Não devemos esquecer que o examinador deste concurso ainda não compreendeu o Direito Civil e o Direito Empresarial como disciplinas distintas e autônomas e o fato de que o Direito Empresarial não faz parte do Código Civil, apesar de estar inserido neste. Finalmente, vale recordar que a teoria dos atos "ultra vires societatis" nasceu e é estudada no Direito Empresarial. Tal explicação faz-se necessária para que o examinando relembre que nas provas da Magistratura do Trabalho há uma grande probabilidade de que as questões Empresariais estejam inseridas na prova de Direito Civil.

5. CONSELHO FISCAL

O Conselho Fiscal é um órgão de assessoramento técnico e facultativo na sociedade limitada. Trata-se de uma inovação prevista no Código Civil. É composto por três ou mais membros, sócios ou não, residentes no país e eleitos pela assembleia geral.

6. DEVERES, DIREITOS E RESPONSABILIDADE DOS SÓCIOS

No presente tópico falaremos daqueles que dão origem às sociedades. Qualquer pessoa pode ser sócio, inclusive os incapazes, que não poderão exercer direitos de gerência. O artigo 977 do Código Civil também faculta a possibilidade de sociedade entre cônjuges, desde que não estejam casados sob o regime de comunhão universal ou de separação obrigatória.

6.1. Deveres dos sócios

A condição de sócio traz uma série de deveres. De pronto, é imperioso falarmos no dever de lealdade e de contribuir para a formação do capital social. Caso o sócio não cumpra com essa obrigação, a sociedade deve notificá-lo para que assim o faça, sob pena de ser considerado sócio remisso.[32] A sociedade, nesse caso, poderá optar entre: 1) a cobrança dos valores, incluindo perdas e danos; 2) a redução de sua quota; ou 3) a exclusão do sócio remisso, com a consequente devolução de sua parte.

Podemos pensar a exclusão dos sócios da seguinte maneira:

a) **Sócio remisso:** é aquele que subscreveu, mas não integralizou as suas quotas, conforme pactuado. Nessa hipótese, a sociedade tem duas alternativas: intentar ação em face do sócio remisso ou, se preferir, simplesmente exclui-lo do quadro societário.

b) **Artigo 1.085 do Código Civil:** quando a maioria dos sócios, representando mais da metade do capital social, entender que algum deles está pondo em risco a continuidade da sociedade, por ato de inegável gravidade. Nesse caso, o sócio poderá ser excluído, mediante alteração contratual, mas desde que no contrato social esteja prevista cláusula de exclusão por justa causa.

Para exclusão de sócio minoritário, são necessários três requisitos:

a) Que mais da metade do capital social concorde e decida pela exclusão do sócio.
b) Que exista previsão expressa de exclusão no contrato social.
c) E que haja justa causa para a exclusão.

Deve ser convocada reunião ou assembleia para este fim, conferindo-se tempo hábil para a defesa do acusado.

---

32 Aquele que não cumpre com a obrigação de contribuir para a formação do capital social.

6.2. Direitos dos sócios

Contribuindo para a formação do capital social, o sócio adquire determinados direitos, como o de participação nos lucros e no acervo social, caso haja dissolução da sociedade. Os sócios ainda têm direito a fiscalização ampla dos negócios da sociedade e da própria administração, lembrando-se principalmente do direito à participação nas deliberações da sociedade, ao voto e, finalmente, ao direito de preferência, com conotação pessoal e patrimonial, na aquisição de quotas da sociedade.[33]

O sócio, não concordando com a modificação do contrato, fusão da sociedade ou qualquer espécie de incorporação, tem direito de retirar-se da sociedade. Trata-se do chamado direito de recesso, ato unilateral imposto à sociedade, como prevê o art. 1.077, do Código Civil. O valor a ser pago ao sócio dissidente deverá ser apurado em balanço especial, nos termos do art. 1.031 do Código Civil.

6.3. Responsabilidade dos sócios

A responsabilidade de cada sócio nesse tipo de sociedade é restrita ao valor de suas quotas, havendo solidariedade quanto à integralização do capital social.[34] Após a integralização do capital social, nada mais pode ser cobrado dos sócios, a não ser em casos excepcionais, como a desconsideração da personalidade jurídica, tema que trataremos mais adiante.

---

33 Esse direito deve ser exercido no prazo decadencial de 30 (trinta) dias, conforme disposição do §1º do art. 1.081 do Código Civil.
34 Artigo 1.052 do Código Civil.

CAPÍTULO 11

Sociedade anônima: conceito, características e espécies. Capital social. Ações. Modificação do capital. Acionistas: direitos e obrigações. Assembleias. Conselho de Administração. Diretoria. Administradores: deveres e responsabilidades. Condição jurídica dos empregados eleitos diretores da sociedade

1. CONCEITO, CLASSIFICAÇÃO E CONSTITUIÇÃO DAS SOCIEDADES POR AÇÕES

As sociedades por ações existem nas seguintes espécies: anônima e comandita por ações. Ambas estão previstas na Lei nº 6.404/1976.

As sociedades em comandita por ações possuem responsabilidade mista e seguem a mesma lógica das comanditas simples, apesar de serem raramente utilizadas. Podemos dizer que é uma espécie de sociedade por ações. Possui duas espécies de acionistas: o acionista diretor (seu nome está incluído na firma social e tem responsabilidade ilimitada) e os acionistas comuns (seus nomes não estão incluídos na firma social e têm responsabilidade limitada). Quando houver mais de um administrador, todos serão solidária e ilimitadamente responsáveis pelas dívidas societárias. O nome empresarial dessa espécie societária será Firma ou Denominação.

De agora em diante nos concentraremos nas sociedades anônimas de capital aberto e fechado. Tais sociedades possuem o capital social dividido em ações, os sócios são chamados acionistas e sempre será uma sociedade empresária, em razão do disposto no artigo 2º, § 1º, da Lei nº 6.404/1976.

Obrigatoriamente, a sociedade por ações adota uma denominação (nunca utiliza firma), acompanhada da expressão S.A., no início, meio ou fim da denominação, ou da expressão Cia., no início ou no meio da denominação, porém nunca no fim. Essa disposição visa impedir eventuais confusões entre as sociedades previstas no Código Comercial.

A responsabilidade do acionista é limitada ao preço de emissão da ação. Não há solidariedade – o sócio acionista é responsável somente pelo que não integralizou e não pelo que os outros acionistas não integralizaram.

As sociedades anônimas classificam-se em abertas e fechadas. As companhias abertas são aquelas que têm seus valores mobiliários negociados nas bolsas de valores ou no mercado de balcão. As companhias fechadas, ao contrário, são aquelas que não têm seus valores mobiliários negociados nas bolsas de valores ou no mercado de balcão.

A subscrição pública se dá pela colocação das ações da sociedade para circulação nas bolsas de valores e no mercado de balcão. Analisemos o que é bolsa de valores e mercado de balcão e, em seguida, o que são valores mobiliários.

A bolsa de valores e o mercado de balcão formam o mercado de capitais. O mercado de capitais é regulado pelo Governo Federal através de uma autarquia federal denominada CVM (Comissão de Valores Mobiliários), criada pela Lei nº 6.385/1976, que tem como funções controlar o mercado de capitais, fiscalizar a emissão de valores mobiliários e autorizar a constituição de companhias abertas, bem como a emissão e negociação de seus papéis.

Para o registro na comissão de valores mobiliários, o fundador deve procurar uma instituição financeira e contratar a prestação dos serviços de *underwriting*, para que suas ações sejam colocadas no mercado junto aos investidores.

O pedido de registro de emissão na Comissão de Valores Mobiliários, assinado pelo fundador e por uma instituição financeira, deve ser instruído com o projeto do estatuto, o estudo de viabilidade econômica e financeira do empreendimento e a minuta do prospecto.

Seguidamente, a constituição por subscrição pública consiste na colocação das ações junto aos investidores por meio das instituições financeiras intermediárias e demais agentes do mercado de capitais envolvidos na operação. Ao término dessa fase, todas as ações da companhia em constituição devem ter sido subscritas.

Na assembleia de constituição, a validade de certas deliberações está sujeita a quórum específico. A fundação da sociedade é aprovada desde que não haja oposição de subscritores representantes de mais da metade do capital social.

O processo constitutivo das sociedades anônimas fechadas é significativamente mais singelo que o das abertas. A constituição por subscrição particular destina-se à formação de sociedade anônima fechada, que pelo menos inicialmente não pretende captar recursos no mercado de capitais.

Realizada a assembleia de fundação ou lavrada a escritura pública, os administradores devem providenciar, nos 30 (trinta) dias seguintes, conforme artigo 36 da Lei nº 8.934/1994, o arquivamento dos atos constitutivos na Junta Estadual em que se situa a sede da companhia.

Se a companhia houver sido constituída por deliberação em assembleia, será arquivado junto com a ata ou atas respectivas um exemplar do estatuto, a relação dos subscritores com nome, qualificação, ações e entradas realizadas, além do recibo de seus depósitos bancários (art. 95 da Lei das Sociedades Anônimas).

De acordo com o previsto no Estatuto da Advocacia (Lei nº 8.906/1994, artigo 1º, § 1º), é condição de validade do registro do ato constitutivo de qualquer pessoa jurídica o visto de advogado. Mesmo que a sociedade por ações tenha sido constituída por escritura pública, a formalidade é indispensável ao registro válido, na Junta, da certidão expedida pelo tabelião.

Arquivados os atos constitutivos, os primeiros administradores devem providenciar sua publicação no jornal oficial do local da sede, nos 30 (trinta) dias seguintes, levando, depois, à Junta Estadual um exemplar dessa publicação, que também ficará arquivado.

Em seguida, deve-se providenciar a inscrição da sociedade no Cadastro Nacional de Pessoas Jurídicas (CNPJ) e em cadastros estaduais ou municipais; a matrícula no INSS; a filiação aos sindicatos, entre outras coisas.

2. AÇÕES

A ação é uma parcela do capital social e atribui ao seu detentor a condição de sócio. Essa operação é denominada "capitalização". A doutrina divide as ações, quanto à espécie, em: ordinárias, preferenciais ou de fruição.

Ordinárias: oferecem direitos e vantagens comuns a todos os acionistas. São chamados direitos essenciais e estão previstos no artigo 109 da Lei nº 6.404/1976. Todos os acionistas têm direito, independente do previsto no estatuto social ou em assembleia geral, a: 1) participar dos lucros; 2) participar do acervo da companhia, em caso de liquidação; 3) fiscalizar a gestão dos negócios sociais; 4) subscrever, preferentemente, ações ou valores mobiliários conversíveis em ações emitidos pela S.A e 5) retirar-se da sociedade.

A ação ordinária é de emissão obrigatória. O novo mercado de bolsa de valores, seguindo diretrizes da chamada "governança corporativa", preceitua que para que seja possível ingressar nesse mercado, as companhias devem ter o capital social representado por 100% de ações ordinárias com direito a voto. A ação ordinária sempre dará direito a voto.

Preferenciais (art. 17): são aquelas que atribuem uma vantagem política e econômica ao seu detentor, como:

    a) prioridade no recebimento de dividendo, fixo ou mínimo;
    b) prioridade no reembolso do capital, com ou sem prêmio;
    c) acumulação das duas vantagens anteriores.

As ações preferenciais, em regra, não atribuem o direito de voto ao seu detentor. O preferencialista terá direito de voto em duas situações:

    a) na assembleia de constituição (art. 87, § 2º da Lei nº 6404/1976);

b) para eleição de um membro do Conselho Fiscal (art. 161, § 4º, alínea "a" da mesma Lei).

O artigo 111, § 1º da Lei das Sociedades por Ações, determina que as ações preferenciais sem direito de voto adquirirão o exercício desse direito se a companhia, pelo prazo previsto no Estatuto, não superior a 3 (três) exercícios consecutivos, deixar de pagar as vantagens que as ações preferenciais concedem ao seu detentor, cessando somente após o pagamento dessas vantagens.

Existe um número máximo previsto em lei de emissão de ações preferenciais sem direito de voto. O art. 15, § 2º, determina que companhia não pode emitir mais de 50% do capital social de ações preferenciais sem direito de voto. A emissão de ações preferenciais é facultativa.

Determina, ainda, a lei que para que as ações preferenciais possam ser negociadas no mercado, elas devem atribuir pelo menos uma das seguintes vantagens:

1) direito de participar do dividendo, em pelo menos 25% daquele a ser distribuído;

2) direito de recebimento de dividendos, pelo menos 10% superiores àqueles atribuídos à ação ordinária; ou

3) direito de participar do chamado "Tag along"[35] (art. 254-A da Lei).

Quando esse acionista majoritário resolve alienar as suas ações, estas possuem um sobrevalor, pois além de representar parcela do capital social, concedem ao adquirente o poder de controle da sociedade anônima.

A legislação determina que o adquirente do poder de controle faça uma oferta pública de aquisição de ações a todos os acionistas minoritários, que possuam direito de voto, pagando no mínimo 80% do valor pago ao acionista majoritário.

---

35 "Tag along" (ir junto). As ações ordinárias concedem ao seu portador o direito de voto. Portanto, o detentor de certo número dessas ações pode ser considerado o acionista majoritário.

Poderá o adquirente do poder de controle oferecer aos acionistas minoritários o pagamento de um prêmio equivalente à diferença entre o valor de mercado e o valor pago por ação integrante do bloco de controle, desde que estes permaneçam na sociedade (art. 254, § 4º da Lei nº 6.404/1976).

De fruição (art. 44): são aquelas oferecidas aos ordinarialistas ou preferencialistas que tiverem suas ações amortizadas[36] pela companhia.

2.1. Classificação quanto à circulação

   a) **Nominativas (artigo 31)**: são representadas por um certificado e sua transferência se opera por meio de registro em livro próprio da S.A. (Livro de Transferência das Ações Nominativas). Essa espécie de ação não é mais utilizada.
   b) **Escriturais**: são transferidas por uma operação realizada por meio de instituição financeira. Diferentemente das nominativas, essas ações não possuem cautela (certificado de emissão). Quase a totalidade das ações encontradas hoje em dia no mercado é escritural.[37]

3. FORMAÇÃO DO CAPITAL SOCIAL

Como já observamos, a sociedade anônima pode obter recursos tanto no mercado financeiro, como no mercado de capitais, através da emissão de valores mobiliários. Para a formação do capital social, vinculam-se somente as contribuições relacionadas à realização do objeto social que devem ser subscritas pelos sócios. Ao subscrever uma ação, o sócio se compromete a pagar o preço de emissão nela contido, que não pode ser inferior ao seu valor nominal.

---

36 Amortização é o valor pago ao acionista pelas suas ações, levando-se em conta o valor que este receberia caso a sociedade fosse liquidada.
37 A Lei nº 8.021/1990 (Plano Collor) extinguiu as ações ao portador e as endossáveis.

O capital social será formado por dinheiro ou quaisquer bens, desde que suscetíveis de avaliação em dinheiro e fixado em moeda nacional. É possível integralizá-lo em créditos, sendo proibido em nosso país falar em integralização através de serviços. É através dele que a empresa adquire patrimônio para o exercício de sua atividade, garantindo os credores e estabelecendo a responsabilidade dos sócios, que se limita ao preço de emissão das ações que possui.

3.1. Aumento do capital social

O aumento do capital social servirá para investir na expansão dos negócios, para adequar-se à nova realidade patrimonial ou mesmo para sanear obrigações empresariais. Existem algumas possibilidades para a obtenção de novos recursos, além da conversão de valores mobiliários em ações, como as seguintes:

1. ***Emissão de novas ações:*** exige-se inicialmente a integralização de pelo menos 75% do capital social. A emissão de novas ações deverá ser motivada. Para tanto, se faz necessária uma deliberação em assembleia geral extraordinária, permitindo aos acionistas em exercício o direito de preferência.

2. ***Capital autorizado:*** caso o estatuto social preveja, para o aumento do capital social, basta ato dos administradores, independentemente de assembleia. O estatuto deve ser bem claro quanto ao limite, valor, número, espécie e classe das novas ações, assim como quanto ao órgão competente para deliberar, inclusive sobre o direito de preferência dos acionistas.

3.2. Redução do capital social

Ao exercer o direito de retirada, o acionista faz jus ao reembolso de suas ações. Se a companhia não dispuser de valor suficiente para tanto, terá prazo de 120 (cento e vinte) dias para substituir os dissidentes; caso contrário, deverá reduzir o capital social. Em se tratando de sócio remisso, é possível realizar sua execução ou exclusão, ficando a companhia com suas ações; estamos diante aqui da redução compulsória. A redução facultativa, decidida pela própria sociedade, pode ocorrer quando o capital for considerado excessivo para a realização do objeto social da sociedade.

4. ACIONISTAS

Trataremos agora dos titulares das ações da companhia, admitindo-se, inclusive, acionista incapaz, que pode ser o empreendedor interessado nos negócios da companhia ou não, aquele meramente especulador. Acionista controlador é aquele que tem o poder de dirigir a sociedade.

O artigo 116 da Lei das Sociedades por Ações define o acionista controlador como a pessoa, natural ou jurídica, ou o grupo de pessoas vinculadas por meio de acordo de acionistas ou sob controle comum, que possua direitos de acionista que lhe assegurem, de modo permanente, a preponderância nas deliberações sociais e, consequentemente, o poder de eleger a maioria dos administradores, exercendo o domínio sobre o funcionamento da sociedade, em função desse poder. Assim, para ser um acionista controlador, basta ter a maioria dos votos nas deliberações, ainda que não atinja mais de 50%.

O abuso do poder de controle é tratado no artigo seguinte, a seguir:

1) orientar a sociedade para fim estranho ao objeto social ou lesivo ao interesse nacional;

2) favorecer outra sociedade em detrimento dos minoritários;

3) liquidar companhia rentável;

4) praticar atos de cisão, fusão, incorporação ou transformação a fim de obter vantagem indevida;

5) praticar atos alheios ao interesse da companhia;

6) eleger administrador que saiba ser inapto, moral ou tecnicamente;

7) induzir os administradores à prática de atos ilegais;

8) contratar com a companhia diretamente ou por meio transverso em condições de favorecimento, não estendidas a outros;

9) aprovar contas irregulares;

10) subscrever novas ações, com bens estranhos ao objeto social da companhia.[38]

Os acionistas minoritários compõem o conjunto de acionistas que, na assembleia geral, detém uma participação em capital inferior. A legislação pátria define acionistas minoritários como aqueles que não são controladores.

4.1. Deveres dos acionistas

Primeiramente impõe-se a contribuição para o capital social, que pode incidir sobre bens ou dinheiro, podendo ocorrer no momento da aquisição da ação ou posteriormente. Na hipótese de acionista remisso, a sociedade pode executá-lo ou promover a venda extrajudicial de suas ações. Caso a sociedade não consiga fazê-lo integralizar suas ações, deve apropriar-se dessas em razão da decadência, já que o remisso decai de seus direitos decorrentes das ações.

Ao acionista impõe-se o dever de lealdade para com a sociedade, na medida em que não pode exercer seus direitos em detrimento dos direitos da sociedade.

4.2. Direitos dos acionistas

Os direitos essenciais dos acionistas estão reconhecidos no art. 109 da Lei das Sociedades por Ações, quais sejam: participação nos lucros; direito à participação no acervo social, em caso de liquidação; direito de fiscalização; direito de preferência e direito de retirada.

---

38   Nesses casos, basta a prova do dano causado à sociedade.

5. ÓRGÃOS SOCIETÁRIOS

5.1. Assembleia geral

Obrigatório na sociedade anônima, é o órgão deliberativo máximo. Todos os acionistas podem dela participar. O acionista preferencialista, privado do direito de votar, tem direito a participar da assembleia, pois possui o chamado "direito de voz", previsto no artigo 125, parágrafo único, da Lei das Sociedades por Ações.

Existem duas espécies de assembleias gerais: a ordinária e a extraordinária. A diferença entre elas refere-se à competência da matéria e ao quórum de votação.

A ordinária deve realizar-se uma vez por ano e tem competência para tratar dos seguintes assuntos (art. 132):
   a) tomar as contas dos administradores, examinar, discutir e votar as demonstrações financeiras;
   b) deliberar sobre a destinação dos lucros;
   c) eleger os administradores e membros do Conselho Fiscal;
   d) aprovar a correção monetária do capital social.

Aquilo que estiver afastado da competência exclusiva da assembleia geral ordinária deve ser tratado na assembleia geral extraordinária, podendo ser convocada a qualquer momento e quantas vezes forem necessárias.

5.2. Conselho de administração

É um órgão administrativo e deliberativo, porém facultativo. É obrigatório na S.A. aberta, na S.A. de capital autorizado e na sociedade de economia mista. Devem compor o conselho de administração somente os acionistas, pessoas físicas, eleitos pela assembleia geral e por ela destituíveis a qualquer tempo.

O prazo de gestão será de 3 (três) anos, e sua competência está prevista no artigo 142 da lei. As suas principais atribuições são:
   a) fixar a orientação geral dos negócios da sociedade;
   b) eleger ou destituir os diretores; e
   c) fiscalizar sua gestão.

5.3. Diretoria

É órgão obrigatório e de representação da Sociedade por Ações. É composto por duas ou mais pessoas naturais, acionistas ou não. Seus membros são escolhidos pelo Conselho de Administração ou pela assembleia geral, na ausência daquele. Podem ser destituídos a qualquer tempo. Seus membros têm poder de gestão por 3 (três), admitindo-se a reeleição.

5.4. Conselho fiscal

É órgão de assessoramento técnico; obrigatório, mas de funcionamento facultativo. Será composto por no mínimo 3 (três) e no máximo 5 (cinco) membros, acionistas ou não. No entanto, só podem ser eleitos como conselheiros fiscais aqueles que possuem curso superior ou tenham sido administradores de qualquer sociedade por no mínimo 3 (três) anos.

5.5. Dos administradores

5.5.1. Deveres

a) **Dever de diligência:** está previsto no art. 153 da Lei das Sociedades por Ações; o administrador, no exercício das suas funções, deve ter a diligência que todo homem ativo e probo tem na condução de seus próprios negócios.

b) **Dever de lealdade:** o art. 155 da Lei das Sociedades por Ações dispõe que o administrador não pode se valer de informações, que obteve em razão de seu cargo, em proveito próprio ou alheio, independentemente de causar prejuízo ou não à sociedade.[39]

---

39 "Inside trading" é a negociação de informações internas para obter proveito próprio. É crime previsto no artigo 27-D da Lei nº 6.385/1976.

c) **Dever de informação:** o administrador tem o dever de informar à companhia se é acionista, quanto recebe de dividendos, se tem ações em outras companhias, bem como tem o dever de informar o mercado sobre fatos relevantes que possam influir na aquisição de valores mobiliários.

5.5.2. Responsabilidade dos administradores

O administrador, em atos regulares de gestão, não pode ser pessoalmente responsável pelas obrigações que contrair em nome da sociedade; responderá, entretanto, civilmente, pelos prejuízos que causar quando proceder: 1) dentro de suas atribuições ou poderes com dolo ou culpa; ou 2) violando a lei ou o estatuto. Quanto a esta última hipótese, existe discussão na doutrina a respeito da espécie de responsabilidade, se objetiva ou subjetiva. Modesto Carvalhosa entende que a responsabilidade é sempre objetiva, não se indagando a respeito de dolo ou culpa do administrador.

6. CONDIÇÃO JURÍDICA DOS EMPREGADOS ELEITOS DIRETORES DA COMPANHIA

Existem pelo menos três hipóteses referentes à questão dos diretores da companhia, entretanto o que nos interessa tratar agora é dos empregados eleitos diretores da companhia, matéria inclusive já sumulada pelo Tribunal Superior do Trabalho.

O TST consolidou em súmula sua jurisprudência uniforme sobre o tema, através do enunciado 269,[40] por conseguinte, somente quando a eleição do empregado para o cargo de diretor configurar uma simulação em fraude a lei é que não se verificará a suspensão do contra-

---

40 Súmula 269 do TST: "O empregado eleito para ocupar cargo de diretor tem o respectivo contrato de trabalho suspenso, não se computando o tempo de serviço desse período, salvo se permanecer a subordinação jurídica inerente à relação de emprego".

to de trabalho, permanecendo o empregado juridicamente subordinado ao poder de comando do verdadeiro empresário.

Assim, quando se tratar de empregado eleito membro do conselho de administração ou da diretoria da sociedade para a qual trabalha, a interrupção do pagamento de seus salários, decorrente da suspensão do contrato de trabalho, deverá ser compensada pela fixação adequada de sua remuneração como administrador.

(Juiz do Trabalho da 2ª região – 2000) A responsabilidade dos sócios nas sociedades anônimas se estende até o limite do valor:
a) das ações que possui;
b) das ações subscritas ou adquiridas;
c) do preço da emissão das ações subscritas na constituição da companhia;
d) do preço de emissão das ações subscritas ou adquiridas.

Resposta correta: alternativa D. As sociedades anônimas pertencem à mesma categoria das limitadas, entretanto a limitação nas sociedades anônimas é ainda maior do que nas sociedades contratuais, primeiro pelo fato de os sócios não possuírem solidariedade entre si e, principalmente, porque o sócio responde apenas pelo valor das ações subscritas ou adquiridas. A alternativa B está incorreta, pois em relação às ações adquiridas posteriormente ao ato da constituição, a base do preço não poderá ser a subscrição e sim a aquisição, até para que a sua responsabilidade seja de acordo com o valor que realmente contribuiu para a sociedade.

(Juiz do Trabalho da 9ª região – 2009) Assinale a alternativa CORRETA.

I – A sociedade anônima é regida por lei especial, aplicando-se nas omissões as disposições do Código Civil.

II – A sociedade anônima pode participar de outras sociedades, desde que esta possibilidade esteja incluída no seu estatuto como parte integrante do seu objeto.

III – Para o efeito da Lei do FGTS, as empresas sujeitas ao regime da legislação trabalhista poderão equiparar seus diretores não empregados (assim considerados aqueles que exerçam cargo de administração previsto em lei, estatuto ou contrato social, independente da denominação do cargo) aos demais trabalhadores sujeitos ao regime do FGTS e o valor que lhe é pago é considerado remuneração para fins de recolhimento do FGTS.

a) Apenas os itens I e II são verdadeiros.
b) Apenas os itens II e III são verdadeiros.
c) Todos os itens são verdadeiros.
d) Apenas os itens I e III estão corretos.
e) Todos os itens são falsos.

Resposta correta: alternativa D. O item II está incorreto, porque não é necessário, para que a sociedade anônima participe de outras sociedades, que essa previsão esteja inserida na parte do Estatuto que trata de seu objeto. O item I está perfeito já que as sociedades anônimas são regidas pela Lei nº 6.404/1976; nas suas omissões, nada mais coerente do que aplicar as disposições gerais referentes às sociedades previstas no Código Civil, ainda que não existisse dispositivo de lei nesse sentido.

CAPÍTULO 12

Encerramento, dissolução e liquidação das sociedades contratuais

Trataremos no presente momento do término da sociedade com a extinção da pessoa jurídica, que abrange a dissolução de sociedade, a liquidação e, por fim, a extinção.

O marco inicial para o encerramento da sociedade relaciona-se a uma das causas de dissolução, questão de grande divergência doutrinária. Para isso, restringiremo-nos aos fins a que a presente obra se destina, esgotando todas as possibilidades para o concursando.

1. DISSOLUÇÃO DA SOCIEDADE

O Código Civil, em seus artigos 1.033 e 1.034, enumera as hipóteses de dissolução da sociedade, respeitando outras possivelmente dispostas no contrato social.[41]

1.1. Decurso de prazo

Estamos diante de casos em que a sociedade é contratada por prazo determinado, independendo de dissolução judicial. Vale dizer que no silêncio do contrato a prorrogação é automática.

---

41 Art. 1.035 do Código Civil.

1.2. Consenso

Caso os sócios resolvam desfazer a sociedade, faz-se necessário o consenso da totalidade dos sócios.

1.3. Deliberação da maioria

A polêmica envolvendo esse tema está no fato de que por deliberação da maioria dos sócios era possível extinguir a sociedade, em detrimento dos interesses da minoria. O melhor caminho a ser seguido é o entendimento da jurisprudência atual que privilegia a continuação da empresa, fonte de produção e emprego. Assim, podem os minoritários discordantes prosseguir com a sociedade, desde que haja a apuração e o pagamento dos haveres dos sócios que deliberaram e decidiram pela dissolução.

1.4. Unipessoalidade

A unipessoalidade surge quando a sociedade, por fato superveniente à sua constituição, vê-se representada por apenas um sócio. A nossa legislação admite a unipessoalidade, desde que acidental e momentânea, pelo prazo de 180 (cento e oitenta) dias, para que a pluralidade de sócios seja reconstituída. Essa reconstituição não implica um novo contrato, podendo o sócio remanescente tornar-se empresário individual.

1.5. Cessação da autorização para funcionar

Existem empresas, como aquelas que atuam no ramo da aviação comercial, que dependem, para seu funcionamento, de autorização do Poder Executivo federal. A autorização pode ser cassada a qualquer tempo, levando a sociedade ao processo de dissolução.

1.6. Anulação da constituição

A anulação pode ocorrer por vício no processo de constituição da sociedade, e para tanto se faz necessário o ajuizamento de ação contra a sociedade e contra os demais sócios. O prazo decadencial para a propositura da ação é de 3 (três) anos, contados da publicação de sua inscrição no registro, conforme parágrafo único do art. 45 do Código Civil.

1.7. Exaurimento ou inexequibilidade do objeto social

Existem sociedades constituídas simplesmente para alcançar um ou alguns objetivos, como é o caso de uma sociedade contratada para determinada produção de bombons finos. Alcançados os objetivos, a dissolução da sociedade dar-se-á judicialmente.

Também se dissolvem as sociedades cujos objetivos já não podem ser alcançados, seja por proibição legal ou por impossibilidade física. Como exemplo de impossibilidade física, temos a falta de uma determinada matéria-prima, essencial às atividades da sociedade, no mercado interno.

1.8. Falência

A presunção da ausência de patrimônio suficiente para honrar as suas obrigações, débitos e dívidas contraídas, judicialmente reconhecida por sentença de decretação do estado falencial, leva à dissolução da sociedade, assim como também os casos de fusão, incorporação e cisão total, questões já trabalhadas em outro momento, nesta mesma obra.

2. LIQUIDAÇÃO DA SOCIEDADE

Seja lá qual for a hipótese de dissolução, o passo que se impõe em seguida é a liquidação, para a apuração do ativo, pagamento do passivo e averiguação de eventual saldo entre os sócios. Considere-se ainda haver personalidade jurídica, justamente para os fins a que se destina a liquidação.[42]

Nos termos dos artigos 1.102 a 1.112 do Código Civil, a liquidação poderá ser amigável, quando os sócios dão início ao procedimento de comum acordo ou judicialmente, caso exista controvérsia entre as partes. A liquidação pode ser requerida por qualquer sócio, situação em que os procedimentos estão previstos no Código de Processo Civil de 1939, em seus artigos 655 a 674 por mandamento contido no Código de Processo Civil vigente em seu inciso VII, art. 1.218.

Caso a liquidação seja amigável, de pronto é necessário verificar se o contrato social menciona algum liquidante; não constando, deverão os sócios fazê-lo, podendo ser nomeada pessoa estranha à sociedade. Nesse caso, é imperiosa a averbação da nomeação à margem do registro do empresário.

O liquidante tem como função arrecadar os bens e documentos da sociedade, para conhecimento de todos e, claro, para a própria extinção da sociedade. O primeiro grande passo do liquidante é fazer o inventário e o balanço geral do ativo e passivo. Para isso terá o prazo de 15 (quinze) dias, que poderá ser prorrogado. Nesse momento deverá exigir dos quotistas, quando insuficiente o ativo, a integralização de seu capital. O liquidante possui o dever de prestar contas frente à sociedade; na liquidação amigável o fará a cada 6 (seis) meses e na judicial, mensalmente. Os sócios podem destituí-lo caso o tenham nomeado; se a nomeação se deu pelo contrato, é necessária medida judicial, que deverá demonstrar justo motivo para tanto. Na nomeação judicial, o juiz poderá destituí-lo a qualquer tempo.

2.1. Procedimentos

Depois de realizados os atos necessários para a arrecadação de bens, documentos e levantamento do balanço geral do ativo e do passivo da sociedade, devem ser finalizadas as operações pendentes, determinando-se o valor do ativo da sociedade, que poderá ser transformado

---

42 Nesse momento, integra-se ao nome da sociedade a expressão "em liquidação", para que não pratique atos relacionados ao seu objeto social.

em dinheiro, para o pagamento dos credores e a partilha entre os sócios. O liquidante, muito embora tenha poderes para tais e importantes atos, não pode gravar de ônus real os bens móveis e imóveis da sociedade, a não ser para o pagamento dos credores sociais.[43]

No momento de pagar os credores e constatando-se que o ativo é maior que o passivo, o liquidante poderá pagar as dívidas vencidas e reservar recursos para as vincendas.[44] Se o ativo apresentar-se insuficiente, deverá o liquidante pagar os credores privilegiados e em seguida os quirografários.[45] Ainda deverá o liquidante requerer a falência do empresário ou da sociedade empresária.

O saldo remanescente deverá ser partilhado entre os sócios. Finda a liquidação, as medidas necessárias para a sua extinção devem ser tomadas, como a convocação de assembleia geral para a prestação final de contas.[46]

(Juiz do Trabalho da 11ª região – 2009) Assinale a alternativa correta.

a) O protesto por falta de aceite da letra de câmbio é extraído contra o sacado por ser o devedor cambial vinculado à obrigação cambiária.

b) Não extraído o protesto no prazo determinado em lei, o portador do título perderá o direito de crédito contra o aceitante e seus avalistas, o sacador, endossantes e respectivos avalistas.

c) No aval simultâneo, lançado nos títulos de crédito, todos os avalistas garantem o mesmo avalizado, enquanto no aval sucessivo não ocorre a solidariedade, vez que o avalista posterior avaliza o avalista anterior.

---

43   Art. 1.105 do Código Civil.
44   Art. 1.106 do mesmo diploma legal.
45   Os privilegiados são os créditos de natureza trabalhista, de garantia real e fiscal; os quirografários (sem privilégios) deverão ser pagos conforme o art. 1.106 do Código Civil e tratados uniformemente.
46   Os sócios discordantes têm o prazo decadencial de 30 (trinta) dias, após a averbação da ata da assembleia, para tomar as medidas em defesa de seus interesses.

d) O acionista de S/A tem direito de receber dividendo e participar do acervo da companhia, em caso de liquidação da sociedade, mesmo que a S/A seja devedora do INSS, já que a lei do custeio da seguridade social não proíbe a distribuição de lucros nas sociedades com débito previdenciário.

e) A sociedade anônima é sempre empresária, podendo adotar firma ou denominação sendo que a cobrança judicial do acionista remisso terá como título executivo o boletim de subscrição, acompanhado, se for o caso, da chamada de capital, como título executivo extrajudicial.

Resposta correta: alternativa C. Temos aqui uma questão bastante típica de concurso da Magistratura do Trabalho, nos limites do edital, mas com a inserção de temas interdisciplinares referentes ao Direito Empresarial, como esta questão que trata dos "títulos de crédito" e das "sociedades". A alternativa correta aponta as modalidades de aval e o benefício de ordem na questão da responsabilidade, sendo que a distinção entre o aval simultâneo e o aval sucessivo é justamente a existência de solidariedade no primeiro e subsidiariedade no segundo. A alternativa A está incorreta, pois o aceite por parte do sacado não é obrigatório e a sua negativa não pode gerar a sua responsabilização, trazendo sim, por consequência, o vencimento antecipado da obrigação cambiária para o emitente/devedor principal. A alternativa B está incorreta, pois a ausência do protesto não causa efeitos em relação à possibilidade de cobrança quanto ao devedor principal. A alternativa D trata das sociedades anônimas e a legislação especial pertinente ao INSS afasta essa possibilidade, trazendo inclusive hipótese objetiva de desconsideração da personalidade jurídica. Por fim, a alternativa E aponta para uma impropriedade em relação à cobrança do sócio remisso.

CAPÍTULO 13

Da transformação, incorporação, fusão e cisão das sociedades

1. TRANSFORMAÇÕES SOCIETÁRIAS

As transformações societárias afins a este estudo englobarão tanto as mudanças de tipos societários, como as incorporações, fusões e cisões das sociedades. Discutiremos quatro fenômenos jurídicos envolvendo as sociedades, objeto da metamorfose, e os titulares (pessoas naturais ou jurídicas) das suas respectivas quotas ou ações. Os bens, nessas negociações, ao contrário do trespasse, permanecem inalterados na esfera patrimonial do empresário ou da sociedade empresária.

Assim, sempre que nos referirmos ou tratarmos de transformações societárias, será necessário atentarmos-nos para o fato de que o patrimônio da sociedade manter-se-á inalterado, preservando-se a vontade[47] do empresário; caso contrário, estaremos diante de outro negócio jurídico.

A transformação societária em sentido estrito independe de dissolução ou liquidação da sociedade,[48] perfazendo-se naquele que ainda necessita do consentimento de todos os sócios e ressalvando-se os direitos dos sócios dissidentes, devidamente previstos no Código Civil e na Lei das Sociedades por Ações.

---

47 O estabelecimento empresarial se perfaz em uma universalidade de fato, pois tais bens estão reunidos por vontade do empresário, ao contrário da massa falida em que os bens estão reunidos por vontade da lei.

48 Art. 1.113 do Código Civil e art. 220 da Lei das Sociedades por Ações (Lei nº 6.404/1976).

A transformação de tipo societário também não poderá modificar ou prejudicar os direitos dos credores. As obrigações constituídas sob o regime jurídico anterior preservar-se-ão, incluindo as garantias pessoais, se existirem.

2. INCORPORAÇÃO SOCIETÁRIA

Na incorporação societária, uma ou mais sociedades são absorvidas por outra.[49] Tal hipótese opera-se entre sociedades de tipos iguais ou diferentes, comportando a possibilidade de expansão empresarial.

A Lei das Sociedades por Ações exige a elaboração de um protocolo, espécie de pré-contrato, para a operação que será realizada. O protocolo realizar-se-á através de uma proposta de incorporação, além da justificação, verdadeira exposição de motivos para que a operação se realize. No caso das sociedades limitadas, o Código Civil exige o projeto de reforma do ato constitutivo.[50]

Da sociedade incorporadora exige-se aprovação de 75% do capital social, quando tratar-se de sociedade limitada; nas sociedades por ações, exige-se maioria simples do capital votante.[51] Caso a sociedade incorporada seja uma sociedade anônima, exige-se também o quórum de pelo menos 50% do capital social;[52] se for sociedade limitada, o quórum aumenta para 75% do capital social.

Desse modo, aprovada a incorporação, extingue-se a sociedade incorporada, momento em que todas as medidas necessárias devem ser tomadas junto ao registro competente.

---

49 Art. 1.116 do Código Civil e art. 227 da Lei das Sociedades por Ações (Lei nº 6.404/1976).
50 Art. 1.117 do Código Civil.
51 Arts. 1.076 e 1.071 do Código Civil.
52 Art. 136 da Lei das Sociedades por Ações (Lei n° 6.404/1976).

3. FUSÃO

A fusão é a junção de duas ou mais sociedades formando uma nova, que lhes sucede em todos os direitos e obrigações; dessa operação surge uma nova pessoa jurídica, deixando de existir as sociedades que participaram da fusão.

Primeiramente, há necessidade de se elaborar um projeto sobre o futuro da fusão, inclusive com a distribuição do capital social da nova companhia entre os sócios das sociedades fundidas. Nas sociedades anônimas o quórum é de pelo menos 50% do capital votante e nas limitadas, 75% do capital social.

4. CISÃO

Consiste no desmembramento total ou parcial da sociedade, que transfere seu patrimônio para uma ou várias sociedades já existentes ou constituídas para esse fim.

A cisão é total quando todo o patrimônio é transferido para outras sociedades, extinguindo-se a sociedade cindida, chama-se também de cisão pura, quando a sociedade transfere o seu patrimônio para duas ou mais novas sociedades. Em caso de cisão absorção, a sociedade transfere seu patrimônio para duas ou mais sociedades já existentes, até porque a transferência para uma única sociedade seria uma incorporação. Nesta última, inclusive, as regras de incorporação[53] devem ser obedecidas. Na cisão parcial apenas parte do patrimônio é transferida, subsistindo a sociedade cindida.

Nas sociedades anônimas, após o advento da Lei nº 10.303/2001, deve-se ter a cisão como uma espécie de retirada, havendo mudança de objeto social, redução do dividendo obrigatório ou participação em grupo de sociedades.

---

53 Art. 229, § 3º, da Lei das Sociedades por Ações (Lei nº 6.404/1976).

5. DIREITOS DOS CREDORES

Tais operações podem prejudicar os interesses dos credores; desse modo, o artigo 1.122 do Código Civil faculta aos credores prejudicados a possibilidade, em 90 (noventa) dias, de pleitear a anulação da operação.

Prova escrita da Magistratura do Trabalho da 8ª região (Concurso C-319 – 2009) Direito Civil – 1,0 ponto.

"Comente sobre a transformação das sociedades e as suas espécies, distinguindo-as umas das outras com as respectivas consequências e enfatizando, com os fundamentos legais, sobre os direitos dos credores em cada caso."

Aqui temos uma questão em que a resposta envolve todo o capítulo 13, bastando ao aluno comentar cada uma das hipóteses e trabalhar os direitos dos credores, lembrando que a lógica é aquela em que o credor não sofrerá prejuízos qualquer que seja a hipótese de transformação.

Lembre-se finalmente que em algumas provas o elaborador inclui questões de Direito Empresarial na prova de Direito Civil, não se atentando para o fato de que a união do Direito Privado é meramente legislativa.

CAPÍTULO 14

Desconsideração da personalidade jurídica e sua aplicação perante o Código Civil, o Código de Defesa do Consumidor e a CLT

Devemos, inicialmente, deixar claro que o direito reconhece a pessoa jurídica com titularidade negocial, processual e, inclusive, patrimonial. O patrimônio das pessoas jurídicas não se confunde com o patrimônio dos sócios. A concessão de personalidade jurídica, tendo em vista seus efeitos, não em raros casos, leva ao cometimento de atos abusivos contra credores e terceiros.

Por tal razão, quando a personalidade jurídica é utilizada em detrimento de terceiros, considera-se ineficaz a personificação com relação aos atos praticados de forma abusiva ou fraudulenta. A lei admite a supressão da personalidade jurídica com o fim de atingir o patrimônio dos sócios envolvidos na administração da sociedade.[54]

Assim ocorrendo, desconsidera-se o favor da personalidade jurídica para imputar a responsabilidade pelos atos praticados ao seu verdadeiro autor, que, destarte, deverá responder, pessoalmente, com seu patrimônio, pelos atos praticados.

O Código de Defesa e Proteção do Consumidor foi a primeira lei a mencionar hipóteses de desconsideração da personalidade jurídi-

---

54 Ver artigos 2º, § 2º, da CLT, 28 do Código de Defesa do Consumidor e 50 do Código Civil.

ca, quando, em detrimento do consumidor, houver abuso de direito, excesso de poder, infração da lei ou ato ilícito ou violação dos estatutos ou contrato social, falência, estado de insolvência, encerramento ou inatividade da pessoa jurídica provocados por má administração.

Recentemente, nossos tribunais têm desconsiderado a personalidade jurídica sem qualquer uma de tais justificativas, por acolherem apenas o último parágrafo do art. 28 do CDC, que traz a questão do simples prejuízo do credor como autorizadora da ordem. Entendemos que os parágrafos devem ser interpretados em conjunto com o "caput". A teoria presente nesse código é também chamada, pela doutrina, de "teoria menor", considerando-se "maior" a teoria presente no Código Civil brasileiro.

O artigo 50 do Código Civil determina que "em caso de abuso da personalidade jurídica, caracterizado pelo desvio de finalidade, ou pela confusão patrimonial, pode o juiz decidir, a requerimento da parte, ou do Ministério Público quando lhe couber intervir no processo, que os efeitos de certas e determinadas relações de obrigações sejam estendidos aos bens particulares dos administradores ou sócios da pessoa jurídica".

Na Justiça do Trabalho, a desconsideração da personalidade jurídica tem sido bastante aplicada; porém, a ausência de dispositivo celetista que trate especificamente do instituto tem trazido algumas polêmicas.

Algumas decisões entendem pela aplicação do § 2º do art. 2º da CLT, que trata da responsabilidade solidária do grupo econômico, demonstrado pela coincidência dos administradores da sociedade que a compõe, mas não da possibilidade de avanço no patrimônio dos sócios, eventualmente, administradores, assim como mencionam os artigos 10 e 448 da mesma Consolidação, que se refere à sucessão de empresas. Trataremos adiante sobre a possibilidade de subsidiariedade da legislação consumerista ou civil.

O artigo 8º da CLT permite a subsidiariedade da legislação comum; assim, entendemos que a aplicação do art. 50 do Código Civil é amplamente possível e justa, já que considera a possibilidade de fraude ou abuso de direito, genericamente presentes naquilo que é o desvio de finalidade, pois a empresa jamais poderá ter por finalidade a prática de ato ilícito, além da hipótese de confusão patrimonial.

Finalmente, grande parte dos juízes aplica subsidiariamente o Código de Defesa e Proteção do Consumidor, porém a primeira polêmica é no sentido de que a lei especial não pode ser interpretada como lei comum, afastada da hipótese do art. 8º da CLT. Outra linha de doutrinadores fala da aplicação análoga do CDC em vista do princípio protetor presente tanto nas relações de consumo, como nas relações de trabalho.

Assim, ainda que se aplique uma dessas hipóteses, somos contrários à aplicação da desconsideração da personalidade jurídica por mero prejuízo causado ao credor, ainda que falemos de verba alimentar. Tal aplicação levaria a abuso da desconsideração da personalidade jurídica, como se tal direito nunca fosse atribuído à sociedade. Entendemos, portanto, aplicando-se o Código Civil ou o Código de Defesa e Proteção do Consumidor, que a decisão deve ser fundamentada no mínimo em abuso de direito.

(Juiz do Trabalho da 11ª região – 2009) Se comparada com a regra geral prevista no Código Civil, a desconsideração da personalidade jurídica, tal como prevista na Lei nº 8.078/90 (Código de Defesa do Consumidor), ocorre em hipóteses mais:

a) amplas, porque o Código Civil permite a desconsideração apenas em caso de falência ou insolvência do devedor.
b) amplas, porque o Código de Defesa do Consumidor permite a desconsideração sempre que a personalidade for obstáculo ao ressarcimento dos consumidores.
c) amplas, porque o Código Civil não contempla a previsão de desconsideração em caso de confusão patrimonial.
d) restritas, porque o Código de Defesa do Consumidor permite a desconsideração apenas em caso de confusão patrimonial.
e) restritas, porque o Código de Defesa do Consumidor permite a desconsideração apenas em caso de desvio de finalidade.

Resposta correta: alternativa B. A alternativa correta assim se apresenta porque o CDC traz maior amplitude diante das hipóteses previstas, inclusive quanto à possibilidade de aplicação da desconsideração por mero obstáculo, aplicando o último parágrafo do art. 28 do CDC, sem análise do "caput", que por si só é mais amplo que o Código Civil.

A alternativa A não deve ser marcada já que o Código Civil em seu art. 50 prevê os casos de abuso de personalidade jurídica por desvio de finalidade ou confusão patrimonial. A alternativa C está incorreta porque o Código Civil prevê a confusão patrimonial, assim como a alternativa D não deve ser assinalada, já que as alternativas do CDC são diversas, sem mencionar a confusão patrimonial. A alternativa E torna-se incorreta ao afirmar que o CDC só permite a desconsideração em casos de desvio de finalidade.

Capítulo 15

Títulos de crédito: conceito, natureza jurídica e espécies - letra de câmbio, duplicata, cheque, "warrant"

Concentraremos os nossos estudos na letra de câmbio, nota promissória, cheque e duplicata, pois os demais derivam destes, além do que trataremos dos institutos que os cercam, para, finalmente, trabalhar as hipóteses das ações cambiárias.

O título de crédito é um documento formal, com força executiva, representativo de dívida líquida e certa, de circulação desvinculada do negócio que o originou.

O Código Civil prevê que se trata de "um documento necessário ao exercício do direito literal e autônomo nele contido".[55]

As suas principais características são:

1. **Cartularidade:** não pode ser verbal; não há o que se cobrar, em sede de direito empresarial, sem o documento, sem o título propriamente dito. O fenômeno da cartularidade decorre da literalidade e da autonomia. É em razão de ser o direito mencionado no título literal e autônomo que a apresentação da cártula torna-se necessária para o exercício desse direito.
2. **Literalidade:** vale somente aquilo que efetivamente está escrito no título, nada mais, nada menos.
3. **Autonomia:** também obriga aos endossatários; literalidade (assinatura - vale estritamente o que está escrito no título); auto-

---

55 Art. 887 do Código Civil.

nomia (obriga-se a cada endossatário, autonomamente; se há mais de uma obrigação documentada em um título, a eventual invalidade de qualquer delas não prejudica as demais).

1. CLASSIFICAÇÕES DOS TÍTULOS DE CRÉDITO

O título poderá ser livre, não existindo um padrão definido para a sua confecção, como é o caso da Letra de Câmbio e da Nota Promissória, ou vinculado, como é o caso do cheque e da duplicata,[56] que estão vinculados a um padrão específico.

O título também poderá ser promessa ou ordem de pagamento. No caso de **promessa de pagamento**, tal relação cria duas situações: a de quem paga – emitente ou sacador – e a de quem recebe – beneficiário ou tomador. Podemos dar como exemplo de promessa de pagamento a nota promissória. A **ordem de pagamento** cria três situações jurídicas: a do sacador, que emite a ordem para que alguém pague; a do sacado, que recebe a ordem; e a do tomador, que se beneficia da ordem. Como exemplo, temos o Cheque e a Duplicata.

Finalmente, os títulos podem ser **nominativos**: se o nome da pessoa, natural ou jurídica, com direito à prestação, encontra-se anotado no próprio título ou nos registros especiais do instituto emissor, sendo transferíveis mediante ato formal,[57] ou **à ordem**: se emitidos em benefício da pessoa indicada ou daquela a que esta determinar (ordenar) e transferíveis por meio do endosso, neles lançado. **Ao portador**: se emitidos genericamente em favor do possuidor e transferíveis por simples tradição. **Mistos**: títulos nominativos munidos de cupons ao portador.

---

56 A duplicata é o único título que além de vinculado é também considerado causal. Está sempre relacionado a uma compra e venda ou prestação de serviços empresarial.

57 A Lei nº 8.021/1990 proíbe a emissão, pagamento e compensação de cheques superiores a R$ 100,00 sem a identificação do beneficiário.

2. LETRA DE CÂMBIO

A letra de câmbio é um título de crédito abstrato, que corresponde a um documento formal, decorrente da relação de crédito entre duas ou mais pessoas. Por essa relação de crédito o sacador dá ordem de pagamento pura e simples, à vista ou a prazo, ao sacado, a seu favor ou de terceira pessoa (tomador ou beneficiário), no valor e nas condições nela constantes.

As legislações aplicadas à letra de câmbio são: a **CONVENÇÃO DE GENEBRA** – Lei uniforme sobre letras de câmbio e nota promissória –, o Decreto nº 2.044/1908, também conhecido como Lei Interna (LI), e o Decreto nº 57.663/1966 (Lei Uniforme - LU).[58]

A letra de câmbio é uma ordem de pagamento, portanto, o seu saque ou emissão[59] gera três relações jurídicas. O sacador emite a ordem para que o sacado pague e o tomador se beneficie.

O saque autoriza o tomador a procurar o sacado para, ocorridas determinadas condições, receber a quantia referida no título, e vincula o sacador ao pagamento da letra de câmbio. Caso o sacado não pague ao tomador o valor mencionado na letra de câmbio, poderá este cobrar o valor do sacador, na medida em que o sacador, ao praticar o saque, tornou-se codevedor do título.

São requisitos da letra de câmbio:

a) a expressão *letra de câmbio*;
b) a ordem de pagar a quantia;
c) o nome do sacado;
d) o lugar do pagamento;
e) o nome do tomador;
f) local e data do saque;
g) assinatura do sacador.[60]

Caso o sacador não assine, deverá ser representado por procurador, nomeado por instrumento público e com poderes especiais.

---

58 O Decreto nº 57.663/1966 inseriu a Convenção de Genebra em nosso ordenamento jurídico.
59 Artigo 889, § 2º, do Código Civil. Tal dispositivo considera o domicílio do emitente como lugar de emissão e pagamento do título.
60 Ausente a data de pagamento, entender-se-á que o pagamento opera-se à vista.

Registre-se que os requisitos constantes da letra de câmbio e de outros títulos de crédito não precisam estar completos (preenchidos no instrumento) no momento do saque, conforme o artigo 3º do Decreto nº 2.044/2008.[61]

2.1. Aceite

O sacado apenas obriga-se ao pagamento da letra de câmbio, vinculando-se à obrigação expressa no título, quando expressamente, por meio do ACEITE, concorda com essa obrigação. O aceite é representado pela assinatura do sacado no anverso ou no verso do título, acompanhado do termo *aceito*.[62]

1. **Aceite limitativo:** é aquele em que o sacado aceita pagar apenas uma parte do valor do título.[63]
2. **Cláusula não aceitável:** é a que traz a proibição do aceite. Somente será apresentada ao sacado para pagamento, o que evitará a sua não aceitação.

Observe-se que a retenção indevida de um determinado título pelo sacado pode provocar a sua prisão administrativa, por imperativo contido no Código de Processo Civil vigente.[64]

2.2. Endosso

No que se referem ao ato jurídico que opera a transferência da titularidade, os títulos de crédito são obrigatoriamente nominativos, que poderão ser "à ordem" ou "não à ordem".

---

61 Súmula 387 do Supremo Tribunal Federal: "A cambial emitida ou aceita com omissões, ou em branco, pode ser completada pelo credor de boa-fé antes da cobrança ou do protesto".
62 O aceite poderá ser recusado pelo sacado, o que acarretará no vencimento antecipado do título, por força do artigo 43 da LU.
63 O aceite parcial implica vencimento antecipado do título.
64 Artigo 885 do Código de Processo Civil.

Os títulos "à ordem" são aqueles cuja circulação ocorre mediante endosso; os "não à ordem" circulam mediante cessão civil de crédito.

Endosso é o ato cambiário que opera a transferência do crédito representado por um título "à ordem". A cláusula "à ordem" é tácita. Dessa forma, para que um título de crédito seja considerado "à ordem" e, portanto, transferível por endosso, basta que não contenha uma cláusula "não à ordem".

O primeiro endosso deverá ser efetuado pelo tomador, que é o primeiro credor do título. O segundo endossador ou endossante é o endossatário do tomador, e assim sucessivamente.[65]

Cada endossante, ao endossar o título de crédito a um endossatário, deixa de ser credor do valor nele mencionado, passando a figurar como codevedor, juntamente com os demais endossadores e o sacado.

Endosso em preto é aquele que identifica o endossatário e endosso em branco é aquele que não identifica o endossatário.[66]

Outra modalidade de endosso é o chamado **endosso mandato**, no qual o credor pode constituir um representante para o exercício dos direitos mencionados na cártula, logicamente, à vista do título.

Finalmente, tem-se o **endosso caução** que é o ato cambiário através do qual o credor onera o título, considerado bem móvel, a título de penhor.

2.3. Aval

O aval é o ato cambiário através do qual uma pessoa, denominada avalista, garante o pagamento de um título em favor do devedor principal ou de um coobrigado.

O devedor, em favor de quem o aval foi prestado, é chamado de avalista.

---

65   Não há limites na legislação para o número de endossos a que um título de crédito pode ser submetido.
66   A Lei nº 8.021/1990 proibiu a emissão de títulos ao portador.

O aval resulta da assinatura do avalista no anverso do título, geralmente acompanhada da expressão *por aval*.

O vencimento faz com que surja a obrigação para o devedor de pagar o valor mencionado no título de crédito.[67]

Avais em branco e superpostos consideram-se simultâneos e não sucessivos.[68]

2.4. Vencimento

O vencimento poderá ser a vista, a certo termo da data, a certo termo da vista ou a dia certo.

A certo termo da vista: verifica-se o vencimento após o transcurso de um lapso temporal iniciado na data do aceite.

A certo termo da data: tem-se o vencimento após o transcurso de um lapso temporal inciciado na data do saque.

A data certa: tem-se por vencido o título em um dia predeterminado pelas partes.

As regras de contagem do prazo de vencimento no direito cambiário estão dispostas no artigo 36 da LU.

Ressalte-se que para efeito de contagem de prazo, dia útil é aquele em que há expediente bancário.

As obrigações de pagar, em geral, poderão ser quesíveis (QUÉRABLE) ou portáveis (PORTABLE). São quesíveis quando cabe ao credor a iniciativa de procurar o devedor para a satisfação de seu crédito. São portáveis quando cabe ao devedor a iniciativa de procurar o credor para o pagamento de seu débito.

---

67 Súmula 26 do Superior Tribunal de Justiça: "O avalista do título de crédito vinculado a contrato de mútuo também responde pelas obrigações pactuadas, quando no contrato figurar como devedor solidário".

68 Súmula 189 do Supremo Tribunal Federal.

2.5. Protesto

O protesto é um ato notarial que visa documentar, no próprio título, a ocorrência de um fato que tem relevância para as relações cambiais. A letra de câmbio comporta três tipos de protesto: o protesto por falta de aceite; por falta de data de aceite e por falta de pagamento.

O protesto por falta de aceite é extraído contra o sacador, não podendo ser extraído contra o sacado, que não aceitou o título, na medida em que não aceitando o título, não está vinculado à obrigação cambial. Uma vez efetuado o protesto por falta de aceite, intimar-se-á o sacado para que compareça e aceite o título. Se não o fizer, o protestado é o sacador.

Já no que se refere ao protesto por falta de data de aceite e ao protesto por falta de pagamento, o protestado é o sacado. Se protesto por falta de pagamento, a letra de câmbio deverá ser apresentada nos dois dias seguintes àquele em que o título for pagável, ou seja, na data de seu vencimento. Se cair em dia não útil, o vencimento se dará no primeiro dia útil seguinte. A inobservância desse prazo gera a perda do direito de crédito perante os coobrigados: sacador, endossantes e avalistas – nos termos do artigo 53 da LU.

Observa-se que a falta de protesto não prejudica o direito de crédito contra o aceitante sacado e respectivo avalista.

O protesto por falta de pagamento é necessário para cobrar os codevedores e respectivos avalistas, mas é facultativo para a cobrança do devedor principal e respectivo avalista.

Com a inclusão da cláusula "sem despesas" o protesto necessário fica dispensado. O credor fica dispensado do protesto para a constituição de seu direito de crédito contra qualquer devedor do título.

2.6. Prescrição

O prazo prescricional está fixado no artigo 70 da LU.

3 anos – a contar da data do vencimento do título para o exercício do direito de crédito contra o devedor principal e seu avalista.

1 ano – a contar da data do protesto do título – para o exercício do direito de crédito contra os coobrigados (sacador, endossantes e respectivos avalistas).

6 meses – a contar do pagamento – para o exercício do direito de regresso por qualquer um dos coobrigados.

3. NOTA PROMISSÓRIA

É uma promessa de pagamento que uma pessoa faz a outra. Vimos que quando do saque das letras de câmbio, surgem três situações jurídicas distintas: sacador, sacado e tomador. Tratando-se de notas promissórias, surgem duas situações jurídicas distintas: aquele que promete pagar determinada quantia e o beneficiário dessa promessa.

A pessoa que promete pagar denomina-se **sacador, promitente** ou **emitente**. A pessoa em favor de quem é feita a promessa denomina-se **sacado** ou **beneficiário**.

Os requisitos essenciais das notas promissórias são:
a) denominação NOTA PROMISSÓRIA expressa no idioma empregado no título;
b) promessa pura e simples de pagar quantia determinada;
c) pessoa a quem deve ser paga;
d) data de emissão;
e) assinatura do emitente.

A época e lugar do pagamento não são requisitos essenciais da letra de câmbio.[69]

A nota promissória está, basicamente, sujeita às mesmas regras da letra de câmbio, desde que sejam compatíveis com a natureza de promessa de pagamento.[70]

---

69 Artigos 75 e 76 da Lei Uniforme.
70 Súmula 258 do Superior Tribunal de Justiça: "A nota promissória vinculada a contrato de abertura de crédito não goza de autonomia em razão da iliquidez do título que a originou".

4. CHEQUE

É uma ordem de pagamento à vista, emitida contra um banco e com base em suficiente provisão de fundos ou oriundos de abertura de crédito.

O sacador é o emitente do cheque e o sacado é o banco.

Beneficiário é aquele em favor do qual uma determinada quantia é paga.

É elemento essencial do cheque ser um título à vista.[71] No Brasil, o cheque é necessariamente nominativo. Observe-se, portanto, que o Plano Collor (Lei n° 8.021/1990) estabeleceu um limite pelo qual o cheque poderia ser ao portador até determinada quantia.

O prazo de apresentação do cheque será de:
a) 30 dias, tratando-se de cheque da mesma praça;
b) 60 dias, tratando-se de cheques de praças diferentes.[72]

4.1. Cheque cruzado

Caracteriza-se pela aposição de dois traços paralelos no anverso do título. O cheque cruzado por ser:

a) geral, ou em branco (não há indicação do banco entre as linhas paralelas) e

b) especial, ou em preto (há indicação do banco entre as linhas paralelas).

A diferença entre o cheque com cruzamento em branco (ou geral) e um cheque com cruzamento em preto (ou especial) está no fato de que o cheque com cruzamento em branco ou geral deve ser pago através de crédito em conta de um banco qualquer; já o cheque com cruzamento em preto, ou especial, somente deve ser pago a um banco expressamente mencionado no título. Caso esse banco seja o

---

71 A jurisprudência entende que o pós-datamento não desnatura o cheque como título de crédito, tendo como única consequência a ampliação do prazo de apresentação.
72 Um cheque será da mesma praça quando o município que constar como de sua emissão for o mesmo município da agência bancária pagadora.

próprio banco sacado, apenas poderá ser pago a um de seus clientes, mediante depósito em conta.

4.2. Cheque para ser levado em conta

A Lei n° 7.357/1985, em seu artigo 46, o define como o cheque que não pode ser pago em dinheiro. Tal proibição se dá mediante inscrição transversal, no anverso do título, da cláusula "para ser creditado em conta".

4.3. Cheque visado

É aquele em que o banco atesta a existência de fundos durante o prazo de apresentação, conforme artigo 7° da Lei n° 7.357/1985.

4.4. Cheque administrativo

O cheque administrativo é emitido pelo próprio banco sacado. O banco, dessa forma, ocupa simultaneamente a posição de emitente e sacado. Ex.: *traveller's check*.

4.5. Protesto e ação cambial

A cobrança de um cheque sem fundos, pela lei, pressupõe o protesto do cheque dentro do prazo de apresentação, sob pena de o credor perder seu direito de crédito contra os endossantes e os avalistas.

Observe-se que para fins cambiários, o protesto do cheque pode ser substituído pela declaração de inexistência de fundos feita pelo banco sacado ou pela câmara de compensação.

O prazo para execução do cheque é de 6 (seis) meses contados a partir da expiração do prazo para sua apresentação (artigo 59 da Lei n° 7.357/1985). Uma vez prescrita a execução, cabe, no prazo de até 2 (dois) anos seguintes ao término do prazo prescricional, ação de enriquecimento ilícito.[73]

Para todos os efeitos, emissão de cheque sem fundos é crime previsto no art. 171, § 2°, do Código Penal.[74]

Não é considerado crime a emissão de cheque pós-datado sem fundos. Para que se caracterize o crime é necessário que tenha havido dolo.[75]

No que se refere à conta conjunta, a responsabilidade dos titulares da conta não é solidária quanto à emissão do cheque. É solidária apenas no que se refere ao contrato de abertura de crédito com o banco.

(Juiz do Trabalho da 9ª região – 2009) Considere as seguintes proposições:

I – O título de crédito terá eficácia executiva se a obrigação nele consubstanciada for certa, líquida e exigível, e desde que a condição de título executivo seja outorgada por norma legal, como ocorre com a letra de câmbio, a nota promissória, a duplicata, a debênture e o cheque.

II – A ação de execução de cheque tem prazo prescricional de seis meses contados do término dos prazos para sua apresentação, que são de trinta dias, quando emitido no lugar onde houver de ser pago, e de sessenta dias, quando emitido em outro lugar do país ou no exterior.

III – O cheque não pode ser utilizado para o pagamento das verbas rescisórias porque o empregador, como qualquer correntista, pode impedir o pagamento de um cheque já emitido por oposição ao pagamento ou sustação e contraordem ou revogação.

---

73 Súmula 600 do Supremo Tribunal Federal: "Cabe ação executiva contra o emitente e seus avalistas, ainda que não apresentado o cheque ao sacado no prazo legal, desde que não prescrita a ação cambiária".

74 Súmula 521 do Supremo Tribunal Federal. "O foro competente para o processo e julgamento dos crimes de estelionato, sob a modalidade da emissão dolosa de cheque sem provisão de fundos, é o do local onde se deu a recusa do pagamento pelo sacado". A Súmula 554 do Supremo Tribunal Federal dispõe que o pagamento do cheque antes da denúncia por estelionato não caracteriza causa excludente de antijuridicidade.

75 Súmula 246 do Supremo Tribunal Federal: "Comprovado não ter havido fraude, não se configura o crime de emissão de cheque sem fundos".

IV – A penhora de crédito, representada por letra de câmbio, nota promissória, duplicata, cheque ou outros títulos, far-se-á pela apreensão do documento, esteja ou não em poder do devedor.

V – O cheque é uma ordem de pagamento à vista, sacada por uma pessoa contra um banco ou instituição financeira equiparada, como as cooperativas de crédito. Segundo a orientação jurisprudencial do Tribunal Regional do Trabalho da 9ª Região, quando as partes estipulam o pagamento de acordo judicial por depósito ou transferência bancária em cheque, salvo expressa previsão em contrário, é lícito ao devedor, no dia combinado, utilizar o sistema de autoatendimento. Feito o depósito, conclui-se que foi respeitado o horário para realizar a operação, que de outra forma seria recusada, situação que afasta a aplicação de cláusula penal por demora no sistema de compensação ou outros trâmites bancários.

a) somente uma proposição está correta.
b) somente duas proposições estão corretas.
c) somente três proposições estão corretas.
d) somente quatro proposições estão corretas.
e) todas as proposições estão corretas.

Resposta correta: alternativa D. O item I traz a certeza, a liquidez e a exigibilidade como pressupostos para a eficácia do título de crédito, complementando o enunciado ao apontar os títulos que só podem ser assim considerados por força de lei e apresentando os cinco títulos de crédito previstos no ordenamento jurídico nacional. O item II está perfeito ao mencionar o prazo de apresentação do cheque e sua prescrição, que se inicia ao fim do prazo de apresentação. O item III está incorreto, pois tal impedimento não está previsto no ordenamento jurídico nacional, e a utilização dos meios citados para impedir o pagamento ensejam formas de responsabilização do empregador. Os itens IV e V apresentam afirmações corretas. Portanto, quatro proposições estão corretas.

5. DUPLICATA

A Lei nº 5.474/1968, em seu artigo 1º, estabelece que todo empresário que realiza uma venda, com prazo não inferior a 30 (trinta) dias, deverá extrair uma FATURA e apresentá-la ao devedor. A fatura é um documento emitido pelo vendedor relacionando as mercadorias vendidas, discriminando-as, indicando a sua quantidade e o respectivo valor.

A fatura é um documento que tem o condão de facilitar a atividade do Fisco, aumentando seu poder de controle sobre as atividades mercantis. Para isso, foi criada a chamada nota fiscal-fatura. Através de um único documento, o empresário cumpre duas obrigações: uma de caráter empresarial: emissão da fatura; e a outra de caráter fiscal: emissão de nota fiscal.

O artigo 1º da Lei nº 5.474/1968 prevê que no ato da emissão da fatura o empresário poderá emitir um título de crédito denominado DUPLICATA.

A duplicata pode então ser definida como uma ordem de pagamento emitida pelo empresário com o escopo de documentar o crédito oriundo de uma operação de compra e venda mercantil.[76]

Os requisitos da duplicata são encontrados no artigo 2º, § 1º, da Lei nº 5.474/1968.

A duplicata é título de crédito de aceite obrigatório, o que significa dizer que o comprador da mercadoria – sacado – não poderá deixar de aceitar o título.

A recusa do aceite apenas poderá ocorrer em situações expressamente previstas em lei, especificamente no artigo 8º da Lei nº 5.474/1968.

O protesto deverá ser efetuado nos 30 (trinta) dias seguintes ao vencimento da duplicata,[77] sob pena de o credor perder seu direito de crédito contra os endossantes e seus avalistas, mantendo-se, porém, em relação ao sacado e seu avalista.

O documento para a propositura de ação de execução depende do tipo de aceite da duplicata:

a) Se for aceite ordinário, o protesto é uma necessidade;

---

76 A duplicata é um título causal.
77 O artigo 394 do Código Civil estabelece que o não cumprimento da obrigação constitui o devedor em mora.

b) Se for aceite por duplicata, deve ser apresentada a duplicata ou triplicata (protestada), acompanhada do comprovante de entrega das mercadorias.

O protesto por falta de devolução representa uma exceção ao princípio da cartularidade. O credor, que não está na posse do título, protesta-o por indicação. Essa indicação da emissão da duplicata é extraída do Livro de Registro de Duplicatas.

A ação de execução contra o sacado e seu avalista prescreve em 3 (três) anos a contar do vencimento do título; contra os coobrigados (endossantes e seus avalistas), prescreve em 1 (um) ano, a contar da data do protesto do título.

Por ser um título causal, a duplicata mercantil não pode ser emitida e protestada sem que tenha havido a efetiva prestação de serviços.[78]

A ação para cobrança da duplicata, sem aceite, deve estar acompanhada de comprovante de entrega de mercadorias.[79]

O foro competente para a propositura da execução do título extrajudicial é, em princípio, o do lugar do pagamento.

A ação de anulação de cambial tanto pode ser movida nas hipóteses de extravio ou destruição parcial ou total como nas hipóteses de furto, roubo ou apropriação indébita do título.

A doutrina e jurisprudência têm entendido, acertadamente, que a ação também pode ser ajuizada pelo credor pignoratício ou pelo endossatário-mandatário, pois ambos podem exercer os direitos emergentes da cambial.

A ação de anulação e substituição de títulos ao portador tem inequívoca semelhança com a ação de anulação de cambial, contudo não se aplica às cambiais.

O portador do título que pagou o valor previsto na cambial pode propor ação de regresso contra os coobrigados anteriores.

---

[78] Súmula 248 do Superior Tribunal de Justiça: "Comprovada a prestação dos serviços, a duplicata não aceita, mas protestada, é título hábil para instruir pedido de falência".

[79] Art. 15 da Lei nº 5.474/1968.

(Juiz do Trabalho da 8ª região – 2008) Assinale a alternativa incorreta.
   a) A compra e venda mercantil ou a prestação de serviços a prazo só podem ser representadas pela emissão da duplicata, sendo nula a emissão de qualquer outro título de crédito.
   b) Para a duplicata, não prevalece como regra o princípio da abstração das obrigações cambiais, em razão da sua própria natureza jurídica.
   c) A duplicata mercantil não pode circular com a cláusula "não à ordem", pela razão de que toda duplicata pode ser transferida por endosso.
   d) A duplicata mercantil é um título causal, sendo que se os avais em branco estiverem superpostos, consideram-se simultâneos e não sucessivos.
   e) Admitem-se dois tipos de vencimento para duplicata: a tempo certo da data e a tempo certo da vista.

Resposta correta: alternativa E. Tal hipótese apresenta a alternativa que deve ser assinalada, já que o enunciado pede a incorreta. Está incorreta porque a duplicata não está impedida de utilizar outros tipos de vencimento previstos no ordenamento jurídico. A alternativa A está correta, pois há impeditivo no sentido da utilização, por exemplo, de um cheque. A alternativa B está correta, já que a duplicata sempre se relaciona com uma compra e venda mercantil ou prestação de serviços mercantil; portanto, não é abstrata. As hipóteses previstas nas alternativas C e D estão de acordo com as regras aplicáveis às duplicatas e devem também ser afastadas.

6. OUTROS TÍTULOS DE CRÉDITO

6.1. Conhecimento de transporte

Constitui documento emitido por empresas de transporte terrestre, aéreo ou marítimo, que comprova o recebimento da mercadoria e a obrigação de entregá-la no local de destino, atuando como um título representativo da mercadoria transportada. Trata-se de um título à ordem e causal, pois é emitido em razão de um contrato de transporte de mercadorias.

6.2. Conhecimento de depósito e "warrant"

O conhecimento de depósito é um título de crédito correspondente às mercadorias depositadas no armazém-geral. O "warrant" é o instrumento de penhor sobre as mesmas mercadorias. Os dois títulos são emitidos quando solicitados pelo depositante e nascem unidos, podendo ser separados pela vontade das partes.

São títulos causais, pois só decorrem de depósito de produtos ou mercadorias em armazéns-gerais. São também títulos à ordem, pois podem circular por endosso.

CAPÍTULO 16

Contratos mercantis frente ao atual Código Civil: alienação fiduciária em garantia, arrendamento mercantil (leasing), franquia (franchising - Lei nº 8.955/1994), faturização (factoring), representação comercial, concessão mercantil

A valorização da supremacia da vontade como fonte de direitos e obrigações representa a possibilidade reconhecida às partes de adotarem, em seus múltiplos relacionamentos na ordem privada, as estipulações que julgarem mais convenientes.

Tal liberdade de contratar será exercida nos limites da função social do contrato.[80]

Adquirem, então, força os contratos inominados, à luz da teoria esposada pelo Código Napoleônico de que o contrato faz lei entre as partes.

Quando o homem usa de sua manifestação de vontade com a intenção precípua de gerar efeitos jurídicos, a expressão dessa vontade constitui-se através de um negócio jurídico.

Os contratos celebrados sob a égide do Direito Empresarial não apresentam diferenças profundas em relação ao regime jurídico aplicá-

---

[80] Artigo 421 do Código Civil.

vel aos contratos civis em geral, tanto que a disciplina jurídica dos contratos mercantis tem como corpo legislativo principal o Código Civil.

Mantém-se, assim, o Direito Comercial autônomo em relação ao Direito Civil, não obstante a unificação das obrigações, com princípios gerais comuns, mas com algumas regras especiais.

1. ALIENAÇÃO FIDUCIÁRIA EM GARANTIA

A alienação fiduciária em garantia representa a venda em garantia de um bem financiado, por meio do qual passam as partes a desfrutar de situação jurídica peculiar, outorgando-se ao fiduciário o domínio resolúvel e a posse indireta, independentemente de tradição, e ao devedor (o financiado, ou fiduciante) a posse direta do bem e o respectivo depósito. Essa mixagem permite um extenso elenco de garantias ao capital investido, eis que as responsabilidades sobre o uso e a conservação competem ao fiduciante.

(Juiz do Trabalho da 9ª região – 2009) Analise os itens abaixo e marque a alternativa CORRETA.

A alienação fiduciária em garantia de coisa móvel:

I – não transfere ao credor o domínio resolúvel.

II – transfere ao credor apenas a posse indireta.

III – transfere ao credor o domínio resolúvel e a posse indireta desde que ocorra a efetiva tradição do bem.

IV – sem a tradição do bem, transfere ao credor exclusivamente o domínio resolúvel.

a) Apenas os itens I e II são verdadeiros.
b) Apenas os itens III e IV são verdadeiros.
c) Apenas os itens I e II são falsos.
d) Todos os itens são verdadeiros.
e) Todos os itens são falsos.

Resposta correta: alternativa E. Com as explicações trazidas em um único parágrafo é possível perceber que nenhum dos itens está correto, de maneira que nos absteremos de comentar, já que o próprio conceito de alienação acima apresentado resolve a questão, assim como a questão seguinte.

(Juiz do Trabalho da 11ª região – 2009) Por meio do contrato de alienação fiduciária em garantia, o proprietário de um bem móvel:
a) aliena-o a outra pessoa, em garantia de uma dívida com esta contraída, mas permanece com a posse direta do bem.
b) aliena-o a outra pessoa, em garantia de uma dívida com esta contraída, e lhe transfere a propriedade plena do bem, recuperando-a após o pagamento da dívida.
c) oferece-o em penhor ao credor do financiamento obtido para a aquisição do próprio bem.
d) transfere a sua posse direta a outra pessoa, em garantia de uma dívida com esta contraída, mas permanece com a propriedade plena do bem.
e) transfere a sua posse indireta a outra pessoa, em garantia de uma dívida com esta contraída, mas permanece com a propriedade plena do bem.

Resposta correta: alternativa A.

2. ARRENDAMENTO MERCANTIL

O contrato de arrendamento mercantil assemelha-se a um contrato de locação, podendo o arrendatário, entretanto, ao término do contrato, comprar o bem locado. O contrato de *leasing* encontra-se regulado pela Lei nº 6.099/1974 e pela Resolução do Banco Central nº 2.309/1996, e é assim definido:

> Considera-se, para os efeitos desta lei, arrendamento mercantil o negócio jurídico realizado entre pessoa jurídica, na qualidade de arrendadora, e pessoa física ou jurídica, na qualidade de arrendatária e que tenha por objeto o arrendamento de bens adquiridos pela arrendadora, segundo especificações da arrendatária e para uso próprio desta.

O arrendatário, ao final do contrato, poderá escolher entre adquirir o bem, prorrogar o contrato ou devolvê-lo.

O arrendamento mercantil puro ou financeiro se caracteriza pela inexistência de resíduo expressivo, sendo que, para o exercício da opção de compra, o arrendatário desembolsa uma importância de pequeno valor, devendo a soma das prestações correspondentes à locação ser suficiente para a recuperação do custo do bem e o retorno do investimento da arrendadora. O tempo de duração do *leasing* financeiro não pode ser inferior a 2 (dois) anos, caso a vida útil do bem atinja até 5 (cinco) anos; e não pode ser inferior a 3 (três) anos, se a vida útil for de maior prazo.[81]

Outra modalidade é o arrendamento mercantil operacional, em que o arrendatário dá assistência técnica, propondo, inclusive, a substituição dos bens arrendados. A soma do valor das prestações não pode ultrapassar 75% do custo do bem arrendado. O tempo de duração mínimo do contrato de *leasing* operacional não pode ser inferior a 90 dias.

3. FRANQUIA

Disciplinado pela Lei nº 8.955/1994, o contrato de franquia ou *franchising* é aquele através do qual um franqueador cede ao franqueado o direito de uso de marca ou patente, associado ao direito de distribuição exclusiva ou semiexclusiva de produtos ou serviços e, eventualmente, também ao direito de uso de tecnologia de implantação e administração de negócio ou sistema operacional, desenvolvidos ou detidos pelo franqueador, mediante remuneração direta ou indireta, sem que, no entanto, fique caracterizado vínculo empregatício.[82] O contrato de franquia deve ser sempre escrito e assinado na presença de 2 (duas) testemunhas e terá validade independentemente de ser registrado em cartório ou órgão público.

Quando o franqueador ceder os direitos mencionados ou sua tecnologia, deverá fornecer ao interessado uma circular de oferta de fran-

---

[81] As empresas de arrendamento mercantil são consideradas instituições financeiras.

[82] Artigo 2º da Lei nº 8.955/1994.

quia, por escrito e em linguagem clara e acessível, contendo informações de várias ordens, tais como balanços e demonstrações financeiras da empresa franqueadora relativos aos dois últimos exercícios; descrição detalhada da franquia; descrição geral do negócio e das atividades que serão desempenhadas pelo franqueado; perfil ideal do franqueado no que se refere a experiência anterior, nível de escolaridade e outras características que o franqueado, obrigatória ou preferencialmente, deve terAlém disso, na circular deve conter as especificações quanto ao total estimado do investimento inicial necessário à aquisição, implantação e entrada em operação da franquia; valor da taxa inicial de filiação ou taxa de franquia e de caução e valor estimado das instalações, equipamentos e do estoque inicial e suas condições de pagamento; indicação do que é efetivamente oferecido ao franqueado pelo franqueador, no que se refere à supervisão de rede, serviços de orientação e outros prestados ao franqueado.

Ainda, treinamento do franqueado, especificando duração, conteúdo e custos; treinamento dos funcionários do franqueado; manuais de franquia; auxílio na análise e escolha do ponto onde será instalada a franquia; *layout* e padrões arquitetônicos nas instalações do franqueado; e por fim a situação do franqueado, após a expiração do contrato em franquia, em relação a *know-how* ou segredo de indústria a que venha a ter acesso em função da franquia, ou pela implantação de atividade concorrente com a do franqueador; entre outras importantes informações.

4. FATURIZAÇÃO

Por esse contrato, uma empresa mercantil ou civil, chamada faturizado, cede seus ativos financeiros a outra, chamada faturizador. Há outra pessoa que, mesmo sem ser parte no contrato, está intimamente ligada a essa operação: o sacado das duplicatas faturizadas. Ele deveria pagar ao sacador dessas duplicatas, mas, com a operação de fomento comercial, deverá cumprir essa prestação perante o faturizador.

As relações jurídicas do setor são, assim, de três ordens: de fornecimento normal, a prazo, de bens ou de serviços a clientes, mediante documentação correspondente; da empresa faturadora com a factor, à qual cede os créditos correspondentes, mediante remuneração, consistente em desconto, pela antecipação do numerário, nos valores respectivos; e da empresa factor com os clientes do faturizado, seus devedores.

A faturização tem grande utilidade para as pequenas e médias empresas com dificuldade de capital de giro.[83]

5. REPRESENTAÇÃO COMERCIAL

O contrato de representação comercial, em nosso sistema, é regido pela Lei nº 4.886/1965, alterada pelas Leis nº 8.420/1992 e 12.246/2010. Exerce a representação comercial autônoma a pessoa jurídica ou a pessoa natural, sem relação de emprego, que desempenha, em caráter não eventual, por conta de uma ou mais pessoas, a mediação para a realização de negócios mercantis, agenciando propostas ou pedidos, para transmiti-los aos representados, praticando ou não atos relacionados com a execução dos negócios.[84] Para que alguém possa exercer a representação comercial, é obrigatório que se proceda ao registro no Conselho Regional competente.

Tal contrato terá prazo certo ou determinado, na medida em que a renovação o transforma automaticamente em contrato por prazo indeterminado. A indenização prevista não pode ser inferior a 1/12 avos do total da retribuição auferida durante o tempo em que exerceu a representação.

(Juiz do Trabalho da 11ª região – 2009) Alberto era representante comercial da ABC Ltda., tendo exercido essa função por dez anos. Ao longo desse período, por imposição da empresa representada, as partes celebravam contratos por prazo determinado de um ano, ao fim do qual procedia-se a sua imediata renovação. Ao final do 10º ano, a ABC

---

83   Distancia-se do desconto bancário principalmente pelo fato de não ter o faturizador ação regressiva contra o faturizado, assumindo aquele os riscos da não liquidação dos débitos. Essa vantagem suplanta a desvantagem de ser, na faturização, a comissão do faturizador, em regra, superior à taxa do desconto bancário. Aplicada com o devido critério, a faturização pode ser um remédio eficiente para suprir a falta de capital de giro de empresas em formação e expansão.

84   Artigo 1º da Lei nº 4.886/1965.

Ltda. notificou Alberto a respeito da não-renovação de seu contrato e extinção do vínculo negocial. Alberto agora pleiteia o recebimento de indenização equivalente a 1/12 (um doze avos) das comissões auferidas durante todo o período de representação, em razão da extinção imotivada do contrato por iniciativa da representada. Essa indenização:

a) é devida, pois é aplicável a todos os contratos de representação comercial.
b) é devida, apenas com relação ao último período anual de contrato.
c) é devida, pois é aplicável a contratos com mais de cinco anos de vigência.
d) é devida, pois o contrato celebrado com Alberto deve ser considerado a prazo indeterminado.
e) não é devida.

Resposta correta: alternativa D. Nos breves, porém concisos, apontamentos feitos anteriores à questão estão os fundamentos da presente resposta, o que torna desnecessário novo comentário a esse respeito.

Além dos elementos comuns e outros a juízo dos interessados, constarão obrigatoriamente do contrato de representação comercial os seguintes elementos: condições e requisitos gerais da representação; indicação genérica ou específica dos produtos ou artigos objeto da representação; prazo certo ou indeterminado da representação; indicação da zona ou zonas em que será exercida a representação; garantia ou não, parcial, total ou por certo prazo, da exclusividade de zona ou setor de zona; retribuição e época do pagamento, pelo exercício da representação, dependente da efetiva realização dos negócios e recebimento ou não, pelo representado, dos valores respectivos; os casos em que se justifique a restrição de zona concedida com exclusividade; obrigações e responsabilidade das partes contratantes; exercício exclusivo ou não da representação a favor do representado e indenização devida ao representante pela rescisão do contrato fora dos casos previstos em lei, cujo montante[85] não poderá ser inferior a 1/12 (um doze avos) do total da retribuição auferida durante o tempo em que exerceu a representação.

---

85 O contrato com prazo determinado, uma vez prorrogado o prazo inicial, torna-se a prazo indeterminado.

Caso ocorra inadimplemento de compradores ou se o negócio for desfeito por estes, ou ainda, se for sustada a entrega das mercadorias em razão da situação comercial do comprador, não será devida nenhuma retribuição ao representante comercial.

A prova dissertativa da segunda etapa do TRT da 4ª Região traz a seguinte questão: "**A representação comercial tanto pode ser exercida por representante autônomo (Lei nº 4.886, de 09/12/1965), como por vendedor empregado. Embora de naturezas distintas, estas duas formas de relação de trabalho nem sempre são facilmente identificáveis, inclusive porque a realidade fática pode não coincidir com aquela revelada por documento ou por outra expressa manifestação de vontade. O candidato deverá abordar as duas espécies de contrato, conceituando-as e traçando pontos de distinção e de afinidade**".

Resposta possível: aquela que aponta as conceituações a respeito da representação comercial autônoma, em contraposição à representação em que os requisitos da relação de emprego estejam presentes, conforme arts. 2º e 3º da CLT. É imprescindível mencionar a questão da subordinação e a opção do empregado em relação ao seu horário de trabalho, pois estabelecer a zona de trabalho de acordo com a lei não gera, por si só, relação de emprego. É uma zona cinzenta que deve ser verificada caso a caso pelo magistrado. O candidato deve trazer as hipóteses da lei e distingui-las daquelas que caracterizam a relação empregatícia.

6. CONCESSÃO MERCANTIL

A Lei nº 6.729/1979 regula a concessão estruturada de forma que o empresário concedente, inserido na atividade de comércio, tem o direito de comprar, durante o prazo de sua vigência, os produtos da concedente e de revendê-los a terceiros. O concessionário age em nome próprio e por conta própria, seguro, ademais, quanto à manutenção do fornecimento de produtos acabados, em consonância com as cotas que lhe cabem pelo contrato, compreendidos os veículos automotores, implementos e complementos, estendendo-se por analogia a outros sistemas de vendas.

No objeto do contrato, compreendem-se: comercialização desses bens; fabricação e fornecimento pelo produtor; prestação de assistência técnica aos produtos, inclusive garantia ou revisão; e uso gratuito de marca.

Como condições básicas, figuram: exclusividade do revendedor na colocação dos produtos, vedando-se a venda de outros produtos; faculdade de participação em modalidades especiais de venda, como consórcio, sorteio, *leasing* e planos de financiamento; possibilidade de comercializar implementos e componentes; mercadorias destinadas aos veículos; veículos usados de qualquer marca; e outros bens ou serviços compatíveis com a concessão.

CAPÍTULO 17

Aspectos gerais. Recuperação judicial, extrajudicial e falência do empresário e da sociedade empresária (Lei nº 11.101/2005)

A crise empresarial decorrente de situação de insolvência pode ser econômica, financeira ou patrimonial; porém, o que nos interessa são os efeitos dessa crise e seus reflexos no mundo jurídico. A Lei nº 11.101/2005 rege a empresa em crise e oferece para uma primeira classificação três distintos institutos: a recuperação judicial de empresas, a recuperação extrajudicial e a falência.

Insolvência é a condição de quem não pode saldar suas dívidas. Diz-se do devedor que possui um passivo sensivelmente maior que o ativo. Por outras palavras, significa que a pessoa (física ou jurídica) deve em proporção maior do que pode pagar, isto é, tem compromissos superiores aos seus rendimentos ou ao seu patrimônio.

O questionamento que se faz em seguida é sobre qual instituto utilizar e em que momento. A resposta vem da análise de viabilidade da empresa que perfaz a capacidade de oferecimento de alguma resposta positiva para a sua salvação.

Caso a empresa tenha condições de ser reerguida, a solução é o instituto da recuperação de empresas; já na inviabilidade, a falência é o único caminho a seguir.

1. ÂMBITO DE INCIDÊNCIA DA LEI DE RECUPERAÇÃO DE EMPRESAS E FALÊNCIA

A lei de recuperação e falência é aplicável basicamente aos empresários e às sociedades empresárias,[86] excluídas em absoluto as sociedades simples, pois não são empresárias; as empresas públicas e sociedades de economia mista; as cooperativas de crédito; consórcios; entidades de previdência privada e outras entidades legalmente equiparadas.[87]

As instituições financeiras, sociedades operadoras de planos de saúde, sociedades seguradoras e de capitalização estão relativamente excluídas, pois muito embora tenham previsão de processo de liquidação na forma extrajudicial, há possibilidade de processo de falência nas leis especiais que as regem.

As obrigações a título gratuito e as despesas que os credores fizerem para tomar parte na recuperação judicial ou na falência não são exigíveis do devedor, salvo as custas judiciais decorrentes de litígio com o devedor.[88]

Importante considerar o disposto no art. 6° da Lei n° 11.101/2005, de que a decretação da falência ou o deferimento do processamento da recuperação judicial suspende o curso da prescrição e de todas as ações e execuções em face do devedor, inclusive aquelas decorrentes de credores particulares do sócio solidário. O lapso prescricional voltará a fluir do trânsito em julgado da sentença de encerramento da falência ou da recuperação judicial. As ações que demandem quantias ilíquidas, aquelas de natureza trabalhista e as execuções de natureza fiscal não são atingidas.

Na recuperação judicial, a suspensão da prescrição das ações e execuções não poderá exceder o prazo improrrogável de 180 (cento e oitenta) dias, restabelecendo-se, após o decurso do prazo, o direito dos credores de continuar em suas ações e execuções, independentemente de pronunciamento judicial.

---

86 Artigo 1° da Lei de Recuperação e Falência.
87 Artigo 2° da Lei de Recuperação e Falência.
88 Artigo 5° da Lei de Recuperação e Falência.

2. COMPETÊNCIA PARA AS AÇÕES DE RECUPERAÇÃO E FALÊNCIA

A competência para a propositura das ações de recuperação judicial e falência, bem como de homologação da recuperação extrajudicial, é do juízo do principal estabelecimento do devedor, que deve ser entendido como aquele em que se encontra centralizado o maior volume de negócios da empresa, mesmo que se tenha estabelecido de outra forma, consensual ou contratualmente.[89]

Caso o comerciante seja pessoa jurídica, seu domicílio será o do lugar onde funcionarem as respectivas diretorias e administrações, ou onde elegerem domicílio especial, nos seus estatutos ou atos constitutivos. Não é de agora que se sustenta a existência de dois domicílios, algumas vezes coincidentes, para as pessoas jurídicas de direito privado, notadamente as sociedades mercantis. Esse assunto foi bastante discutido pela doutrina, tanto quanto controvertido na jurisprudência. Um é o domicílio legal, fixado nos estatutos; outro, o real, determinado em razão de seu principal estabelecimento.

A distribuição da ação falencial ou recuperacional previne a jurisdição para qualquer outro pedido relativo ao mesmo devedor.

3. VERIFICAÇÃO E HABILITAÇÃO DE CRÉDITOS

Os procedimentos de verificação e habilitação de créditos na recuperação de empresas e na falência são comuns. A verificação de créditos será realizada pelo administrador judicial, tomando por base as escriturações do devedor e os documentos apresentados pelos credores. Confeccionada a relação inicial de credores, ocorrerá a publicação de tal relação na imprensa oficial, iniciando-se prazo de 15 (quinze) dias para que os credores verifiquem seus nomes na lista e, na falta, requeiram sua habilitação ou apresentem, se for o caso, suas impugnações.[90]

---

89 Artigo 3º da Lei de Recuperação e Falência.
90 Artigo 7º, §2º da Lei de Recuperação e Falência.

O administrador judicial, nos próximos 45 (quarenta e cinco) dias, fará publicar novo edital contendo a nova relação de credores. A contar dessa publicação, os credores, o devedor, seus sócios ou o representante do Ministério Público têm prazo de 10 (dez) dias para apresentar impugnações aos créditos apresentados, quanto à classificação ou à falta de legitimidade, por exemplo.

O papel do *parquet* no procedimento verificatório ultrapassa o sentido de defesa do interesse individual, consistindo, antes, sua intervenção, na consequência lógica ao pleno exercício de sua função de *custos legis*, sendo razoável admitir sua legitimidade para impugnar (artigo 8° da Lei n° 11.101/2005), mas não para se manifestar acerca das impugnações oferecidas pelos demais legitimados.

4. ÓRGÃOS DE ADMINISTRAÇÃO

a) Administrador judicial

É a pessoa de confiança do juiz e tem por função administrar a massa falida. Pode ser pessoa natural ou pessoa jurídica, desde que seja profissional idôneo ou pessoa jurídica especializada. Sua função é remunerada e indelegável. Na administração da massa falida, o administrador judicial deve elaborar a relação de credores; requerer convocação de assembleia geral; pedir a falência no caso de descumprimento do plano de recuperação judicial; arrecadar os bens do devedor em caso de falência, entre outras previsões elencadas no artigo 22 da Lei de Recuperação de Empresas e Falência.

Na falência, não há nem personalidade, nem representação. O administrador não representa nem o devedor, nem a massa dos credores, nem a massa falida, que não constitui pessoa jurídica. Não há representação voluntária, e a representação legal é inconcebível, porque o administrador não tutela o interesse egoístico deste ou daquele, mas age no interesse objetivo da justiça, eventualmente, contra o interesse pessoal do falido ou contra o interesse dos credores.

O administrador responderá pelos prejuízos causados à massa falida, ao devedor ou aos credores por dolo ou culpa no desempenho de suas funções.

b) Comitê de credores

É órgão facultativo, tanto na recuperação de empresas como na falência, cabendo aos credores decidirem pela conveniência ou não de sua instalação. É composto por um representante indicado pela classe de credores trabalhistas, um representante indicado pela classe de credores com direitos reais de garantia ou privilégios especiais e um representante indicado pela classe de credores quirografários e com privilégios gerais, cada qual com dois suplentes.[91]

Entre as principais funções do comitê de credores estão as de fiscalizar as atividades e examinar as contas do administrador judicial; requerer ao juiz a convocação de assembleia geral de credores; e fiscalizar a administração das atividades do devedor, apresentando, a cada 30 (trinta) dias, relatório de sua situação, no caso de recuperação judicial.[92]

Os membros do comitê de credores têm responsabilidade semelhante à do administrador judicial; portanto, sendo o comitê um órgão colegiado, não poderá ser responsabilizado o membro que, dissidente em deliberação, faça constar essa discordância em ata.

c) Assembleia geral de credores

O artigo 35 da Lei de Recuperação de Empresas e Falência prevê as diversas competências da assembleia geral de credores, que será convocada pelo juiz, sempre que achar necessário, sendo também convocada pelos credores, desde que representem 25% do total do passivo. Entre as suas principais competências estão: a aprovação, rejeição ou modificação do plano de recuperação judicial apresentado pelo devedor; a adoção de outras modalidades de realização do ativo; além de quaisquer outras matérias que possam afetar os interesses dos credores.

Essa tentativa de introdução da assembleia de credores na Lei de Recuperação e Falências não traz, em verdade, uma novidade, pois a lei anterior já previa, desde sua promulgação, em 1945, a formação de assembleia geral de credores, como se pode verificar dos artigos 122 e 123 daquele diploma. No entanto, o desinteresse dos credores sempre

---

91 Artigo 26 da Lei de Recuperação e Falência.
92 Artigo 27 da Lei de Recuperação e Falência.

foi tão acentuado em formação de assembleias que esses artigos caíram no esquecimento, sendo desconhecidos até por muitos daqueles que atuam nesse campo do direito. Não é possível saber ainda se, como o novo diploma, será despertado o interesse das partes pela assembleia de credores, ou se, como ocorreu no antigo diploma, essa assembleia também cairá no esquecimento.

A convocação da assembleia será precedida de publicação de edital no órgão oficial e em jornais de grande circulação, com antecedência mínima de 15 (quinze) dias, sendo instaurada em primeira convocação, com a presença de credores que representem a maioria dos créditos em cada classe e, em segunda convocação, por qualquer número. Os credores podem se fazer representar por procurador e os credores decorrentes da relação de trabalho podem se fazer representar pelo sindicato ao qual estejam associados.

CAPÍTULO 18

Recuperação judicial

A recuperação judicial é uma ação que tem por objetivo a superação da situação de crise econômico-financeira do devedor, a fim de permitir a manutenção da fonte produtora, do emprego dos trabalhadores e dos interesses dos credores, promovendo, assim, a preservação da empresa, sua função social e o estímulo à atividade econômica.

A recuperação judicial da empresa pode ser requerida pelo empresário em crise; pela sociedade empresária em crise; pelo cônjuge sobrevivente; pelos herdeiros; pelo inventariante e pelo sócio remanescente.

Para tanto, os requisitos a serem preenchidos pelo empresário ou sociedade empresária para a utilização da recuperação judicial de empresa objetivando superar a crise que afeta o desenvolvimento de sua atividade econômica, são: exercer atividade regular há mais de 2 (dois) anos; não ser falido e, se o for, estiverem extintas suas responsabilidades; não ter, há menos de cinco anos, obtido concessão de recuperação judicial.

No entanto, sendo o devedor microempresário ou empresário de pequeno porte, o prazo é ampliado para 8 (oito) anos, além de não ter sido condenado, assim como seu administrador ou sócio controlador, por crime falimentar.[93]

Todos os créditos constituídos até o momento do pedido de recuperação judicial, ainda não vencidos ou ilíquidos, estarão sujeitos aos efeitos da recuperação judicial. Podemos constar que estão excluídos desses efeitos, portanto, os créditos formados após o pedido de recuperação. O artigo 49, § 3º, da Lei de Recuperação e Falência traz uma gama de

---

93   Artigo 48 da Lei de Recuperação de Empresas e Falência.

créditos que também não estarão sujeitos aos efeitos da recuperação judicial. É o caso, por exemplo, de proprietário em contrato de venda com reserva de domínio.

O artigo 50 da referida lei prevê os meios através dos quais o empresário poderá restaurar a normalidade de sua atividade econômica. Contudo, o rol apresentado na lei é apenas exemplificativo, podendo o empresário, através de outras possibilidades, recuperar sua empresa. São meios de recuperação judicial, por exemplo, a alteração do controle societário, o aumento do capital social e o trespasse ou arrendamento de estabelecimento empresarial.

(Juiz do Trabalho da 24º região – 2007 – segunda etapa) Como compatibilizar a aplicação do parágrafo único do art. 60 da Lei de Recuperação Judicial (Lei n° 11.101/2005) com os artigos 10 e 448 da Consolidação das Leis do Trabalho, considerando que o empregado da unidade produtiva isolada alienada é credor de várias verbas de natureza trabalhista da empresa em recuperação? Fundamente.

Resposta possível: o artigo 60 da lei trata da possibilidade de alienação do estabelecimento empresarial sem que o adquirente se responsabilize pelos pagamentos dos débitos, inclusive os de natureza trabalhista, para maximizar os ativos durante a recuperação, esgotando a garantia dos credores trabalhistas a despeito da responsabilidade na sucessão de empresas, seja do sucessor ou do sucedido, advindo da hipótese do princípio da continuidade da relação de trabalho. Tal questão foi pacificada hoje pelo STF, que entendeu pela constitucionalidade do art. 60 da Lei de Recuperação e Falências, sendo possível a alienação do estabelecimento empresarial. Vale lembrar que as decisões na recuperação são todas tomadas em assembleia de credores, restando dúvida a respeito da representatividade do trabalhador. Assim, como nessa hipótese, a lei de recuperação traz outros privilégios ao trabalhador, como o pagamento no prazo máximo de 1 (um) ano de tais obrigações trabalhistas; tempo mais curto do que para os demais créditos.

1. PROCESSAMENTO

Após a análise do preenchimento dos requisitos dos artigos 48 e 51 da Lei em estudo, o juiz deverá, ao exarar seu despacho deferitório, se for o caso, além de deferir o processamento da recuperação, nomear o administrador judicial, ordenando, também, a suspensão temporária de todas as ações e execuções pelo prazo improrrogável de 180 (cento e oitenta) dias.

Determinará ao devedor a apresentação de contas demonstrativas mensais enquanto perdurar a recuperação judicial e ordenará a intimação do Ministério Público e a comunicação por carta às Fazendas Públicas Federal e de todos os Estados e Municípios em que o devedor tiver estabelecimento.

Deferido o processamento da recuperação, o empresário ou a sociedade empresária não poderá mais desistir dela, salvo se obtiver aprovação de sua desistência na assembleia geral de credores.

O empresário ou a sociedade empresária deverá apresentar o plano de recuperação no prazo improrrogável de 60 (sessenta) dias da publicação da decisão que deferir o processamento de recuperação judicial, sob pena de convolação em falência. O plano apresentará a discriminação pormenorizada dos meios de recuperação a serem empregados para superar a crise; demonstração de sua viabilidade econômica; e laudo econômico-financeiro e de avaliação dos bens e ativos do devedor.[94]

O juiz ordenará a publicação de edital contendo aviso aos credores sobre o recebimento do plano de recuperação e fixando o prazo para a manifestação de eventuais objeções.[95]

Apresentando-se objeção por parte de algum credor, o juiz deverá convocar a assembleia geral de credores para que esta delibere sobre o plano de recuperação, aprovando-o, rejeitando-o ou modificando-o. A realização da assembleia não poderá exceder 150 (cento e cinquenta) dias contados do deferimento do processamento da recuperação judicial. Caso o plano seja aprovado, para que o empresário possa executá-lo, é necessária, ainda, a apresentação de certidões negativas de débitos tributários. Se tais certidões não forem apresentadas, o juiz indeferirá, desde logo, o pedido de recuperação.[96]

---

94   Artigos 52 e 53 da Lei de Recuperação e Falência.
95   Artigo 53 da Lei de Recuperação e Falência.
96   Artigo 56 da Lei de Recuperação e Falência.

Na hipótese de o plano de recuperação de empresa não ter sido aprovado, o juiz decretará a falência do empresário.[97]

O juiz poderá conceder a recuperação judicial com base em plano que não obteve aprovação na assembleia geral de credores, desde que, na mesma assembleia, tenho o plano obtido de forma cumulativa:[98]

1. o voto favorável de credores que representem mais da metade do valor de todos os créditos presentes à assembleia, independentemente de classes;
2. a aprovação de duas das classes de credores pelo quórum qualificado já estudado ou, caso haja somente duas classes com credores votantes, a aprovação de pelo menos uma delas; e
3. na classe que houver rejeitado o plano, tiver obtido o voto favorável de mais de 1/3 dos credores, computados de acordo com as regras já estudadas no tópico referente ao "quórum de deliberação".

Da decisão que concede a recuperação judicial cabe agravo de instrumento, que poderá ser interposto por qualquer credor ou pelo representante do Ministério Público.

O plano de recuperação judicial implica novação dos créditos anteriores ao pedido, e obriga o devedor e todos os credores a ele sujeitos, sem prejuízo das garantias, salvo mediante aprovação expressa do credor titular da respectiva garantia.[99]

2. ENCERRAMENTO DA RECUPERAÇÃO JUDICIAL

Cumpridas as obrigações vencidas no prazo da recuperação judicial, o juiz decretará por sentença o encerramento da recuperação judicial.[100] Da sentença que denega o pedido de encerramento da recuperação judicial cabe recurso de agravo, enquanto a sentença que encerra a recuperação enfrenta o recurso de apelação.

---

97 Artigo 56 da Lei de Recuperação e Falência.
98 Artigo 58 da Lei de Recuperação e Falência.
99 Artigo 59 da Lei de Recuperação e Falência.
100 Artigo 63 da Lei de Recuperação e Falência.

3. RECUPERAÇÃO JUDICIAL PARA MICROEMPRESAS

A Lei Complementar nº 123/2006 determina que será considerada microempresa aquela que atingir, em cada ano-calendário, receita bruta igual ou inferior a R$ 240.000,00 (duzentos e quarenta mil reais). Considera, ainda, empresa de pequeno porte o empresário ou a pessoa jurídica que aufira, em cada ano-calendário, receita bruta superior a R$ 240.000,01 e igual ou inferior a R$ 2.400.000,00 (dois milhões e quatrocentos mil reais).

O plano de recuperação judicial de microempresas e empresas de pequeno porte será limitado às seguintes condições:[101]

1. abrangerá exclusivamente os créditos quirografários, ressalvados os créditos que não se submetem à recuperação judicial, já mencionados em nosso estudo;
2. preverá parcelamento em até 36 (trinta e seis) parcelas mensais, iguais e sucessivas, corrigidas monetariamente e acrescidas de juros de 12% ao ano;
3. preverá o pagamento da primeira parcela no prazo máximo de 180 (cento e oitenta) dias, contado da distribuição do pedido de recuperação judicial; e
4. estabelecerá a necessidade de autorização do juiz, após ouvido o administrador judicial e o comitê de credores, para o devedor aumentar despesas ou contratar empregados.

O juiz poderá autorizar a recuperação especial sem a convocação de assembleia geral.

(Juiz do Trabalho da 3ª região – 2009) Sobre a falência e a recuperação judicial, leia as afirmações abaixo e, em seguida, assinale a alternativa correta.

I – As ações de natureza trabalhista serão processadas perante a justiça especializada até a apuração do respectivo crédito, que será inscrito no quadro-geral de credores pelo valor determinado em sentença. O juiz do trabalho poderá determinar a reserva da importância que estimar devida na recuperação judicial ou na falência, e, uma vez reconhecido líquido o direito, será o crédito incluído na classe própria.

---

101 Artigos 70 e 71 da Lei de Recuperação de Empresas e Falência.

II – A decretação da falência ou o deferimento do processamento da recuperação judicial suspende o curso da prescrição e de todas as ações e execuções em face do devedor, inclusive aquelas dos credores particulares do sócio solidário e aquelas nas quais se demanda quantia ilíquida.

III – Na recuperação judicial, após o prazo de suspensão – que não poderá exceder 180 (cento e oitenta) dias contados do deferimento do processamento da recuperação – as execuções trabalhistas poderão ser normalmente concluídas, ainda que o crédito já esteja inscrito no quadro geral de credores.

IV – A petição inicial de recuperação judicial será instruída com a relação, subscrita pelo devedor, de todas as ações judiciais em que este figure como parte, inclusive as de natureza trabalhista, com a estimativa dos respectivos valores demandados.

V – A Lei n° 11.101/2005, que atualmente disciplina a recuperação judicial, a recuperação extrajudicial e a falência do empresário e da sociedade empresária, não se aplica às seguintes entidades: empresa pública, sociedade de economia mista, instituição financeira pública ou privada, cooperativa de crédito, consórcio, entidade de previdência complementar, sociedade operadora de plano de assistência à saúde, sociedade seguradora, sociedade de capitalização e outras entidades legalmente equiparadas às anteriores.

a) Somente uma afirmativa está correta.
b) Somente duas afirmativas estão corretas.
c) Somente três afirmativas estão corretas.
d) Somente quatro afirmativas estão corretas.
e) Todas as afirmativas estão corretas.

Resposta correta: alternativa D. As afirmativas I, III, IV e V estão perfeitas e de acordo com tudo aquilo que foi trabalhado sobre recuperação judicial, com base na legislação recuperacional. A afirmativa II está correta ao afirmar que as ações e execuções são suspensas, inclusive as dos credores particulares do sócio solidário; o erro encontra-se, porém, na suspensão das demandas ilíquidas, estas não se suspendem em razão da decretação da falência ou do deferimento do processamento da recuperação judicial. A recuperação de empresas na Lei está nos artigos 47 a 74.

CAPÍTULO 19

Recuperação extrajudicial

O devedor que preencher os requisitos previstos na Lei de Recuperação e Falência para a recuperação judicial poderá se valer da prerrogativa de não necessitar recorrer ao Judiciário para negociar um plano de recuperação com seus credores. A esse procedimento dá-se o nome de recuperação extrajudicial.[102]

O devedor não poderá requerer a homologação de plano extrajudicial se tiver pendente pedido de recuperação judicial ou se tiver obtido recuperação em qualquer de suas modalidades há menos de 2 (dois) anos. O pedido de homologação do plano de recuperação extrajudicial não acarretará suspensão de direitos, ações ou execuções, nem a impossibilidade do pedido de decretação de falência pelos credores não sujeitos ao plano de recuperação extrajudicial.[103]

O procedimento poderá requerer a homologação em juízo do plano de recuperação extrajudicial, juntando sua justificativa e o documento que contenha seus termos e condições com as assinaturas dos credores que a ele aderiram ou, no caso de plano que obrigue a todos os credores, com as assinaturas de credores que representem mais de 3/5 de todos os créditos de cada espécie por ele abrangidos.[104]

Recebido o pedido de homologação do plano de recuperação extrajudicial, o juiz ordenará a publicação de edital no órgão oficial e

---

102 Artigo 161 da Lei de Recuperação de Empresas e Falência.
103 Artigo 161 da Lei de Recuperação de Empresas e Falência.
104 Artigos 162 e 163 da Lei de Recuperação de Empresas e Falência.

em jornal de grande circulação nacional ou das localidades da sede e das filiais do devedor, convocando todos os credores do devedor para apresentação de suas impugnações ao plano de recuperação extrajudicial.[105]

Os credores terão prazo de 30 (trinta) dias, contado da publicação do edital, para impugnarem o plano, juntando a prova de seu crédito. Sendo apresentada impugnação, será aberto prazo de 5 (cinco) dias para que o devedor sobre ela se manifeste. Após, os autos serão conclusos imediatamente ao juiz para apreciação de eventuais impugnações, decidindo, no prazo de 5 (cinco) dias, acerca do plano de recuperação extrajudicial, homologando-o por sentença se entender que não implica prática de atos que visem a lesar seus credores e que não há outras irregularidades que recomendem sua rejeição. Da sentença cabe apelação sem efeito suspensivo.[106]

O plano de recuperação extrajudicial produz efeitos após sua homologação judicial, contudo, é ilícito que o plano estabeleça a produção de efeitos anteriores à homologação, desde que exclusivamente em relação à modificação do valor ou da forma de pagamento dos credores signatários.[107] Na hipótese de não homologação do plano, o devedor poderá, cumpridas as formalidades, apresentar novo pedido de homologação de plano de recuperação extrajudicial. A sentença de homologação do plano de recuperação extrajudicial constituirá título executivo judicial nos termos do art. 475-N do Código de Processo Civil.

A recuperação extrajudicial não altera minimamente os direitos de algumas categorias de credores. São sujeitos que não podem renegociar os créditos que detêm perante empresário ou sociedade empresária por meio do expediente da recuperação extrajudicial.

Não serão atingidos pelo plano de recuperação extrajudicial os credores trabalhistas, os credores tributários e os credores titulares de posição de proprietário fiduciário de bens móveis ou imóveis, de arrendador mercantil, de proprietário ou promitente vendedor de imóveis cujos respectivos contratos contenham cláusula de irrevogabilidade ou irretratabilidade, e de proprietário em contrato de venda com reserva

---

105 Artigo 164 da Lei de Recuperação de Empresas e Falência.
106 Artigo 164 da mesma lei.
107 Artigo 165 da Lei de Recuperação de Empresas e Falência.

de domínio de crédito decorrente de adiantamento de contrato de câmbio para exportação.

(Juiz do Trabalho da 9ª região – 2009) Analise as proposições abaixo com base na Lei nº 11.101, de 9-2-2005, que regula a recuperação judicial, a extrajudicial e a falência do empresário e da sociedade empresária.

I – A decretação da falência ou o deferimento do processamento da recuperação judicial suspende o curso da prescrição e de todas as ações e execuções em face do devedor, exceto aquelas dos credores particulares do sócio solidário e as execuções de natureza fiscal.

II – Na recuperação judicial, a suspensão do curso da prescrição e de todas as ações e execuções em face do devedor, em hipótese nenhuma excederá o prazo improrrogável de 180 (cento e oitenta) dias contado do deferimento do processamento da recuperação, restabelecendo-se, após o decurso do prazo, o direito dos credores de iniciar ou continuar suas ações e execuções, independentemente de pronunciamento judicial.

III – O plano de recuperação judicial não poderá prever prazo superior a 1 (um) ano para pagamento dos créditos derivados da legislação do trabalho ou decorrentes de acidentes do trabalho vencidos até a data do pedido de recuperação judicial e não poderá prever prazo superior a 30 (trinta) dias para o pagamento, até o limite de 5 (cinco) salários-mínimos por trabalhador, dos créditos de natureza estritamente salarial vencidos nos 3 (três) meses anteriores ao pedido de recuperação judicial.

IV – O plano de recuperação será apresentado pelo devedor em juízo no prazo improrrogável de 60 (sessenta) dias da publicação da decisão que deferir o processamento da recuperação judicial, sob pena de convolação em falência.

V – A decisão que decreta a falência da sociedade com sócios ilimitadamente responsáveis também acarreta a falência destes, que ficam sujeitos aos mesmos efeitos jurídicos produzidos em relação à sociedade falida, sendo, todavia, desnecessária a citação destes para apresentar contestação, se assim o desejarem, ante a presunção de conhecimento da ação de falência já dirigida à sociedade empresária.

a) somente as proposições I, II e V são corretas.
b) somente as proposições III, IV e V são corretas.
c) somente as proposições II, III e IV são corretas.
d) somente as proposições I, II e III são corretas.
e) todas as proposições são corretas.

Resposta correta: alternativa C. Em relação à afirmação presente no item I, estamos diante de uma proposição incorreta já que as ações fiscais não se suspendem. As proposições II, III e IV apresentam proposições corretas, como é possível perceber com base em nosso texto e tudo aquilo esboçado pelos artigos 47 a 74 da Lei nº 11.101/2005 que trata da recuperação de empresas e falências. O item V também se apresenta incorreto, pois afronta os princípios constitucionais do devido processo legal, ampla defesa e contraditório. A alternativa C traz a resposta que aponta para as proposições II, III e IV como corretas e as demais incorretas.

CAPÍTULO 20

Falência

Processo através do qual o devedor empresário é afastado de suas atividades para preservar e otimizar a utilização produtiva dos bens, ativos e recursos produtivos, inclusive os intangíveis, da empresa.[108] Através da falência dá-se o encerramento da atividade econômica desenvolvida pela empresa em crise financeira, de forma a minimizar os prejuízos de seus empregados e credores.

Trata-se de um regime jurídico de execução concursal que coloca os credores em condição de paridade, ainda que apenas um deles tenha fundamentado o pedido na ação que decretou a falência do devedor.

O juízo da falência é indivisível e competente para conhecer todas as ações sobre bens, interesses e negócios do falido. Dessa forma, todas essas ações irão convergir, após a instauração da execução consensual do devedor, para o juízo falimentar. Em virtude dessa característica, diz-se que o juízo da falência é universal.

O instituto da falência não se restringe aos domínios do Direito Comercial. Perscruta também as áreas do Direito Público, do Direito Civil, do Direito Internacional Público e Privado, do Direito Crimina e do Direito Judiciário. Em cada um deles vai buscar regras, preceitos e ensinamentos, tendo, muitas vezes, de modificá-los a fim de adaptá-los ao grande meio de execução coletiva, que é a falência.

Inspira-se, ainda, nas ciências econômicas, cujos fenômenos não lhe devem ser estranhos, nas ciências financeiras e na estatística,

---

108 Artigo 75 da Lei de Recuperação e Falência.

onde verifica a prova do resultado do seu funcionamento. Apreciada economicamente, a falência interessa não somente à economia individual, mas também à pública, pois incontestavelmente perturba o crédito público e produz a dispersão de capitais, trazendo dano para a economia geral.

O sistema jurídico universal prevê cinco exceções ao princípio da universalidade do juízo falimentar, quando tais ações não serão atraídas para o juízo onde estiver transitando a falência. A seguir: ações não reguladas pela lei falimentar em que a massa falida for autora ou litisconsorte ativa; reclamações trabalhistas; execuções tributárias; ações de conhecimento em que é parte ou interessada a União; e as ações que demandem obrigação ilíquida. Tais ações terão prosseguimento com o administrador judicial.[109]

1. FASE PRÉ-FALENCIAL

Os pressupostos para a instauração da execução concursal são os seguintes: devedor empresário, insolvência e sentença declaratória de falência.

A situação de insolvência, que é o déficit entre o ativo ou patrimônio e o passivo ou as obrigações da empresa, pode ser presumida observando-se os direcionamentos dados pelo artigo 94 da Lei de Recuperação e Falência, tais como:

I – Impontualidade injustificada

Aquele que sem relevante razão de direito não paga, no vencimento, obrigação líquida, materializada em título ou títulos executivos protestados, cuja soma ultrapasse o equivalente a 40 (quarenta) salários mínimos na data do pedido de falência.

II – Execução frustrada

Da mesma forma, será decretada a falência quando o devedor executado por qualquer quantia líquida não paga, não deposita e não nomeia bens suficientes para solver os débitos dentro do prazo legal.

---

[109] Artigo 76 da Lei de Recuperação e Falência.

III – Atos de falência

Será decretada a falência daquele que pratica qualquer dos seguintes atos:

a) procede a liquidação precipitada de seus ativos ou lança mão de meio ruinoso ou fraudulento para realizar pagamentos;
b) realiza ou, por atos inequívocos, tenta realizar, com o objetivo de retardar pagamentos ou fraudar credores, negócio simulado ou alienação de parte ou da totalidade de seu ativo a terceiro, credor ou não;
c) transfere estabelecimento a terceiro, credor ou não, sem o consentimento de todos os credores e sem ficar com bens suficientes para solver seu passivo;
d) simula a transferência de seu principal estabelecimento com o objetivo de burlar a legislação ou a fiscalização, ou para prejudicar credor;
e) dá ou reforça garantia a credor por dívida contraída anteriormente sem ficar com bens livres e desembaraçados suficientes para saldar seu passivo;
f) ausenta-se sem deixar representante habilitado e com recursos suficientes para pagar os credores, abandona estabelecimento ou tenta ocultar-se de seu domicílio, do local de sua sede ou de seu principal estabelecimento;
g) deixa de cumprir, no prazo estabelecido, obrigação assumida no plano de recuperação judicial.

Os atos que acabamos de mencionar são conhecidos como atos de falência e não acarretarão a decretação da falência se fizerem parte do plano de recuperação judicial.

Possuem legitimidade ativa para requerer a execução coletiva: o próprio devedor empresário, caso em que ocorre a autofalência; qualquer credor; o cônjuge sobrevivente; os herdeiros do devedor; o inventariante e o sócio ou acionista da sociedade.[110]

---

110 Súmula 159 do Supremo Tribunal Federal: "Cobrança excessiva, mas de boa-fé, não dá lugar às sanções do artigo 1531 do Código Civil". A Súmula 159 faz referência ao Código Civil de 1916. O Código Civil vigente trata da matéria no artigo 940.

1.1. Petição inicial

A petição inicial para o requerimento de falência deve atender aos requisitos genéricos previstos no Código de Processo Civil e aos requisitos específicos previstos na Lei de Recuperação e Falência. Para falência requerida com base na impontualidade de pagamento, o pedido deve ser instruído com título executivo cujo valor ultrapasse 40 (quarenta) salários mínimos e com o devido instrumento de protesto.[111]

Em caso de falência requerida com base em execução frustrada, o pedido deve ser instruído com a certidão expedida pelo juízo em que se processa a execução.[112] Já em caso de pedido de falência baseado na prática de ato de falência, o requerente deverá descrever os fatos que caracterizam o ato, juntando as provas que possui e especificando as que pretende produzir.[113]

O requerente poderá desistir do pedido de falência antes da citação do devedor.

1.2. Rito do processo falimentar

O pedido de falência segue rito diferente em função de seu autor. Quando o pedido for realizado pelo próprio devedor, o rito a ser seguido é o previsto nos artigos 105 a 107 da Lei de Recuperação e Falência; nos demais casos, segue-se o rito do artigo 98, da mesma Lei.

1.3. Autofalência

Ao requerer sua própria falência, o empresário devedor deve apresentar o pedido acompanhado dos seguintes documentos:
1. demonstrações contábeis referentes aos 3 (três) últimos exercícios sociais e as levantadas especialmente para instruir o

---

111 Artigo 94, I, da Lei de Recuperação e Falência.
112 Artigo 94, II, da Lei de Recuperação e Falência.
113 Artigo 94, III, da Lei de Recuperação e Falência.

pedido, confeccionadas com estrita observância da legislação societária aplicável e compostas obrigatoriamente do balanço patrimonial, das demonstrações de resultados acumulados, das demonstrações do resultado desde o último exercício social e do relatório do fluxo de caixa;
2. relação nominal dos credores;
3. relação dos bens e direitos que compõem o ativo, com a respectiva estimativa de valor e documentos comprobatórios de propriedade;
4. prova da condição de empresário, contrato social ou estatuto em vigor ou, se não houver, a indicação de todos os sócios, seus endereços e a relação de seus bens pessoais;
5. os livros obrigatórios e documentos contábeis que lhe forem exigidos por lei; e
6. relação de seus administradores nos últimos 5 (cinco) anos.

Não estando o pedido regularmente instruído, o juiz determinará que seja emendado, caso contrário, proferirá a sentença declaratória de falência, sem prévia oitiva do Ministério Público.[114]

1.4. Falência requerida por credores e terceiros

Quando requerida a falência por terceiros, credor, sócio, cônjuge, herdeiro ou inventariante, a lei prevê a citação do empresário para que este se manifeste dentro de 10 (dez) dias. Se o pedido da falência baseia-se em impontualidade injustificada ou execução frustrada, o devedor pode elidi-lo depositando em juízo, no prazo de resposta, o valor correspondente ao total de crédito em atraso, acrescido de correção monetária, juros e honorários advocatícios. Essa é a determinação do artigo 98 da Lei de Recuperação e Falência.

O devedor pode, no entanto, apenas contestar o pedido de falência, caso em que o juiz, acolhendo as razões de defesa, deverá proferir sentença denegatória de falência, condenando o requerente nas verbas de sucumbência e, eventualmente, em perdas e danos, se a falência tiver

---

[114] Artigos 105 e 106 da Lei de Recuperação e Falência.

sido requerida com dolo. Caso o juiz não acolha as razões de defesa, proferirá sentença declaratória de falência.

Denomina-se depósito elisivo aquele realizado pelo devedor empresário com a finalidade de impedir a declaração de sua falência, de forma a demonstrar a capacidade de adimplemento do crédito exigido.[115]

A decisão que decreta a falência da sociedade com sócios ilimitadamente responsáveis também acarreta a falência destes, que ficam sujeitos aos mesmos efeitos jurídicos produzidos em relação à sociedade falida e, por isso, deverão ser citados para apresentar contestação, se assim o desejarem. Essa disposição atingirá, da mesma forma, o sócio que tenha se retirado voluntariamente ou que tenha sido excluído da sociedade, há menos de 2 (dois) anos, quanto às dívidas existentes na data do arquivamento da alteração do contrato, no caso de não terem sido solvidas até a data da decretação da falência.[116]

É importante recordar que a prova para a insolvência advém do protesto da obrigação descumprida. Até mesmo aqueles títulos que não estão sujeitos a protesto obrigatório deverão ser levados a cartório para sua efetivação.

1.5. Sentença

Denegatória: quando o juiz da falência julga improcedente o pedido do credor, exara nos autos a sentença denegatória de falência, a qual desafia o recurso de apelação nos termos do artigo 100 da Lei de Recuperação e Falência.

Declaratória: a sentença declaratória da falência tem natureza constitutiva, posto que insere o devedor e seus credores no regime jurídico da falência. Na sentença que declara a falência, já pode ser fixado o termo legal da falência, ou seja, o lapso temporal anterior à decretação da quebra que tem importância para a ineficácia de determinados atos do falido perante a massa. O termo da falência não poderá retroagir por

---

115 Súmula 29 do Superior Tribunal de Justiça: "No pagamento em juízo para elidir falência, são devidos correção monetária, juros e honorários de advogado".
116 Artigo 81 da Lei de Recuperação e Falência.

mais de 90 (noventa) dias do primeiro protesto por falta de pagamento; na falta de protesto, não poderá retroagir mais de 90 (noventa) dias da petição inicial ou convolação da recuperação judicial em falência.

A sentença declaratória de falência deve obedecer aos requisitos previstos no artigo 458, do Código de Processo Civil, e artigo 99 da Lei de Recuperação e Falência. Da sentença que declara a falência caberá recurso de agravo por instrumento.[117]

2. FASE FALENCIAL

A decretação da falência gera uma série de efeitos sobre as obrigações do devedor, efeitos que são disciplinados nos artigos 115 a 128 da Lei nº 11.101/2005, sujeitando todos os credores, que somente poderão exercer os seus direitos sobre os bens do falido e do sócio ilimitadamente responsável na forma que a mencionada lei prescrever.

Os principais efeitos são:

1. suspensão do exercício do direito de retenção sobre os bens sujeitos à arrecadação, os quais deverão ser entregues ao administrador judicial, além da suspensão do exercício do direito de retirada ou de recebimento do valor de sua quotas ou ações, pelos sócios da sociedade falida;
2. os contratos bilaterais não se resolvem pela falência e podem ser cumpridos pelo administrador judicial, se o cumprimento reduzir ou evitar o aumento do passivo da massa falida ou for necessário à manutenção e preservação de seus ativos, mediante autorização do Comitê;
3. o contrato unilateral poderá ser cumprido pelo administrador judicial, se esse fato reduzir ou evitar o aumento do passivo da massa falida ou for necessário à manutenção e preservação de seus ativos, realizando o pagamento da prestação pela qual está obrigada;

---

117 Súmula 25 do Superior Tribunal de Justiça: "Nas ações da Lei de Falências, o prazo para a interposição de recurso conta-se da intimação da parte."

4. o mandato conferido pelo devedor, antes da falência, para a realização de negócios, cessará seus efeitos com a decretação da falência, cabendo ao mandatário prestar contas de sua gestão;
5. as contas correntes do devedor consideram-se encerradas no momento da decretação da falência, cabendo ao mandatário prestar contas de sua gestão;
6. contra a massa falida não são exigíveis juros vencidos após a decretação da falência, previstos em lei ou em contrato, se o ativo apurado não bastar para o pagamento dos credores subordinados.

Havendo riscos para a etapa de arrecadação ou visando a preservação dos bens da massa falida ou ainda dos interesses dos credores, é possível falar na lacração do estabelecimento empresarial.[118]

São ineficazes em relação à massa falida, tenha ou não o contratante conhecimento do estado de crise econômico-financeira do devedor, seja ou não intenção deste fraudar credores:[119]

1. o pagamento de dívidas não vencidas realizado pelo devedor dentro do termo legal, por qualquer meio extintivo do direito de crédito, ainda que pelo desconto do próprio título;
2. o pagamento de dívidas vencidas e exigíveis, realizado dentro do termo legal, por qualquer forma que não esteja prevista em contrato;
3. a constituição de direito real de garantia, inclusive a retenção, dentro do termo legal, tratando-se de dívida contraída anteriormente; se os bens dados em hipoteca forem objeto de outras posteriores, a massa falida receberá a parte que caberá ao credor da hipoteca revogada;
4. a prática de atos a título gratuito, desde 2 (dois) anos antes da decretação da falência;
5. a renúncia à herança ou legado, até 2 (dois) anos antes da decretação da falência;
6. a venda ou transferência de estabelecimento feita sem o consentimento expresso ou o pagamento de todos os credores, a

---

118 Artigo 99 da Lei de Recuperação e Falência.
119 Artigo 129 e incisos.

esse tempo existentes, não tendo restado ao devedor bens suficientes para solver o seu passivo, salvo se, no prazo de 30 (trinta) dias, não houver oposição dos credores, após serem devidamente notificados, judicialmente ou pelo oficial do registro de títulos e documentos; e os registros de direitos reais e de transferência de propriedade entre vivos, por título oneroso ou gratuito, ou a averbação relativa a imóveis realizados após a decretação da falência, salvo se tiver havido prenotação anterior.

Saliente-se que são revogáveis os atos praticados com a intenção de prejudicar credores, provando-se o conluio fraudulento entre o devedor e o terceiro que com ele contratar e o efetivo prejuízo sofrido pela massa falida.[120]

2.1. Ação revocatória

A ação revocatória é utilizada pela massa para reaver bens do falido transferidos a terceiros. A ação revocatória deverá ser proposta pelo administrador judicial, por qualquer credor ou pelo Ministério Público no prazo de 3 (três) anos contados da decretação da falência. A ação revocatória correrá perante o juízo da falência e obedecerá ao procedimento ordinário previsto no Código de Processo Civil.

A ação revocatória pode ser promovida:[121]
1. contra todos os que figuraram no ato ou que por efeito dele foram pagos, garantidos ou beneficiados;
2. contra os terceiros adquirentes, se tiveram conhecimento, ao se criar o direito, da intenção do devedor de prejudicar os credores; e
3. contra os herdeiros ou legatários das pessoas que acabamos de mencionar.

A sentença que julgar procedente a ação revocatória determinará o retorno dos bens, em espécie, à massa falida, com todos os acessórios, ou o valor de mercado, acrescido das perdas e danos.[122] O juiz poderá, a

---
120 Artigo 130 da Lei de Recuperação e Falência.
121 Artigo 133 da Lei de Recuperação e Falência.
122 Artigo 135 da Lei de Recuperação e Falência.

requerimento do autor da ação revocatória, ordenar, como medida preventiva, na forma da lei processual civil, o sequestro dos bens retirados do patrimônio do devedor que estejam em poder de terceiros. O ato pode ser declarado ineficaz ou revogado, ainda que praticado com base em decisão judicial.[123]

O sistema da lei brasileira é, sem dúvida, o melhor, pois, tolhendo o arbítrio do magistrado, fixa-lhe regras claras e práticas, que procuram conciliar o princípio da igualdade dos credores com a defesa do crédito, e a segurança dos negócios. Nesse sistema se distinguem, nitidamente, a doutrina dos atos inexistentes (artigo 55 da Lei nº 2.024/1908) e a dos atos revogáveis por fraude de ambos os contratantes (artigo 56 da mesma Lei). Na primeira, o legislador construiu um instituto especial, com características próprias, e que não tem relação alguma com as regras de direito civil sobre a nulidade ou anulação dos atos. Na segunda, modelou-se pelas regras de direito civil concernentes à fraude contra credores, adaptou uma verdadeira ação pauliana, fundada na intenção de prejudicar (*consilium fraudis*), acompanhada do prejuízo efetivo (*eventus damni*).

Da sentença que julga a ação revocatória cabe apelação.

2.2. Ação de restituição e embargos de terceiros

Cabe ao administrador judicial a arrecadação dos bens do falido em favor da massa. Ao efetuar essa arrecadação, podem existir bens ou direitos protegidos por direito real ou decorrente de contrato. Nesse caso, aqueles que tiveram seus bens ou direitos arrecadados indevidamente podem ajuizar pedido de restituição ou embargos de terceiro, desde que legítimo proprietário.

O pedido de restituição deverá ser fundamentado e descreverá a coisa reclamada. O juiz mandará autuar em separado o requerimento com os documentos que o instruírem e determinará a intimação do falido, do Comitê, dos credores e do administrador judicial para que,

---

123 Artigo 137 da Lei de Recuperação e Falência.

no prazo sucessivo de 5 (cinco) dias, se manifestem, valendo como contestação a manifestação contrária à restituição.

A sentença que reconhecer o direito do requerente determinará a entrega da coisa no prazo de 48 (quarenta e oito) horas. A sentença que negar a restituição, quando for o caso, incluirá o requerente no quadro-geral de credores, na classificação que lhe couber, prevista na Lei de Recuperação e Falência. Da sentença que julgar o pedido de restituição caberá apelação sem efeito suspensivo. O requerente que tiver obtido êxito no seu pedido, ressarcirá a massa falida ou a quem tiver suportado as despesas de conservação da coisa reclamada.

É possível pedido de restituição nos seguintes casos: direito real sobre a coisa; contrato de câmbio; coisas vendidas a crédito e entregues ao falido nos 15 (quinze) dias anteriores ao requerimento da falência, se ainda não alienadas pela massa; alienação fiduciária e revogação ou ineficácia do contrato, para credor de boa-fé.

É possível o pedido de restituição em dinheiro se a coisa não mais existir ao tempo do pedido de restituição, hipótese em que o requerente receberá o valor da avaliação do bem, ou, no caso de ter ocorrido sua venda, o respectivo preço.

Nos casos em que não couber pedido de restituição, fica resguardado o direito dos credores de propor embargos de terceiros, observada a legislação processual civil.[124]

2.3. Classificação dos créditos

Mencionamos antes que, diferentemente do que ocorre na recuperação judicial, a classificação dos créditos na falência segue uma ordem bastante rigorosa, a qual não pode ser modificada por acordos entre as partes. O artigo 83 da Lei em comento estabelece a seguinte ordem de preferência de pagamentos das obrigações do falido:

---

[124] Segundo os artigos 90 e 93 da Lei de Recuperação de Empresas e Falência, cabe recurso de apelação contra a sentença que julgar o pedido, sendo legitimados o administrador judicial, o falido, qualquer credor, o requerente, o comitê de credores e o Ministério Público.

2.4. Pagamento dos credores

Realizadas as restituições, pagos os créditos extraconcursais e consolidado o quadro-geral de credores, as importâncias recebidas com a realização do ativo serão destinadas ao pagamento dos credores, atendendo à classificação prevista na lei específica, respeitados seus demais dispositivos e as decisões judiciais que determinam reserva de importâncias.[125]

Havendo reserva de importâncias, os valores a ela relativos ficarão depositados até o julgamento definitivo do crédito e, no caso de não ser este finalmente reconhecido, no todo ou em parte, os recursos depositados serão objeto de rateio suplementar entre os credores remanescentes.[126]

Os créditos trabalhistas de natureza estritamente salarial, vencidos nos 3 (três) meses anteriores à decretação da falência, até o limite de 5 (cinco) salários-mínimos por trabalhador, serão pagos tão logo haja disponibilidade em caixa.[127]

Pagos todos os credores, o saldo, se houver, será entregue ao falido.

3. FASE PÓS-FALENCIAL - ENCERRAMENTO DA FALÊNCIA

Concluída a realização de todo o ativo e distribuído o produto entre os credores, o administrador judicial apresentará suas contas ao juiz, no prazo de 30 (trinta) dias. O juiz decidirá, por sentença, se aprova ou não as contas apresentadas pelo administrador judicial. Dessa decisão cabe apelação.[128]

A sentença que rejeitar as contas do administrador judicial fixará suas responsabilidades, poderá determinar a indisponibilidade ou o sequestro de bens e servirá como título executivo para indenização da massa.[129]

---

125 Artigo 149 da Lei de Recuperação e Falência.
126 Artigo 149, § 1°, da Lei de Recuperação e Falência.
127 Artigo 151 da Lei de Recuperação e Falência.
128 Artigo 154 da Lei de Recuperação e Falência.
129 Artigo 154, §§ 5° e 6°, da Lei de Recuperação e Falência.

Julgadas as contas do administrador judicial, ele apresentará o relatório final da falência no prazo de 10 (dez) dias, indicando o valor do ativo e o do produto de sua realização, o valor do passivo e o dos pagamentos feitos aos credores, e especificará justificadamente as responsabilidades com que continuará o falido. Apresentado o relatório final, o juiz encerrará a falência por sentença, que deverá ser publicada em edital, dela cabendo recurso de apelação.[130]

3.1. Extinção das obrigações do falido

Extinguem as obrigações do falido: o pagamento de todos os créditos; o pagamento, depois de realizado todo o ativo, de mais de 50% (cinquenta por cento) dos créditos quirografários, facultando-se ao falido o depósito da quantia necessária para atingir essa porcentagem se para tanto não bastou a integral liquidação do ativo e o decurso do prazo de 5 (cinco) anos, contados do encerramento da falência, se o falido não tiver sido condenado por prática de crime previsto na Lei de Recuperação e Falência.[131] Caso tenha sido condenado por crime falimentar o prazo de 5 (cinco) anos aumenta para 10 (dez) anos.

Cumpridas as obrigações de acordo com as hipóteses mencionadas, o falido poderá requerer ao juízo da falência que suas obrigações sejam declaradas extintas por sentença, podendo opor-se a esse pedido qualquer credor. Da sentença que julga o pedido do falido sobre a extinção de suas obrigações cabe apelação. Tal sentença, quando exarada antes do encerramento da falência, declarará extintas as obrigações do falido.

(Juiz do Trabalho da 2ª região – 2000) A sentença declaratória de falência pode retroagir ao máximo de:
   a) noventa dias contados do primeiro protesto.
   b) noventa dias contados do último protesto.
   c) sessenta dias contados do último protesto.
   d) sessenta dias contados do primeiro protesto.

---

130 Artigos 154, § 3º e 155 da Lei de Recuperação e Falência.
131 Artigo 158 da Lei de Recuperação e Falência.

Resposta correta: alternativa A. Em casos de pedido de falência por impontualidade injustificada e execução frustrada, o termo legal de falência será de 90 (noventa) dias contados do primeiro protesto. O prazo é maior em relação ao pedido de falência por atos de falência, que será de 90 (noventa) dias contados da distribuição da ação falencial.

(Juiz do Trabalho da 11ª região – 2009) A habilitação dos créditos em falência:

a) é providência que compete ao credor, que apresentará os documentos correspondentes diretamente ao administrador judicial.

b) é providência que compete ao falido, mediante apresentação dos documentos correspondentes ao administrador judicial, sob pena de crime falimentar.

c) decorre da automática conversão da lista nominativa de credores em quadro geral de credores, dispensando qualquer providência pelo credor.

d) é providência que compete ao credor, em petição dirigida ao juiz da causa.

e) é efetuada sob a responsabilidade do síndico, a quem compete a expedição de edital de convocação dos credores para essa finalidade.

Resposta correta: alternativa A. A habilitação de créditos se faz por ação incidental ao processo falencial, iniciativa que deve ser tomada pelo credor. A alternativa B mostra uma hipótese possível, mas não passível de crime falimentar em casos de omissão. A alternativa C está incorreta já que a conversão não é automática, dependendo da possibilidade de o devedor apresentar relação de credores e o administrador judicial após a arrecadação de documentos e bens incluir o crédito na relação nominal de credores que em seguida deverá elaborar. A alternativa D está incorreta, pois a petição de habilitação não é judicial e sim, administrativa, encaminhada ao administrador judicial. A alternativa E está incorreta até porque nem podemos mais falar na figura do síndico que se expressava na recuperação e falência de maneira muito distinta da maneira pela qual o atual administrador judicial figura, não sendo mera troca de nomenclatura.

CAPÍTULO 21

Código de Defesa do Consumidor: princípios de regência, interpretação e ônus da prova. Interesses ou direitos difusos, coletivos e individuais homogêneos

1. DELIMITAÇÃO DA RELAÇÃO DE CONSUMO PARA APLICAÇÃO DO CDC

O prestador ou fornecedor será uma pessoa física (natural) ou pessoa jurídica, valendo dizer que o empresário individual sempre é uma pessoa natural e a única pessoa jurídica que verificamos no direito empresarial é a sociedade.

Tal fornecedor ou prestador é toda pessoa pública ou privada, nacional ou estrangeira, assim como os entes despersonalizados, que desenvolvem atividades de produção, montagem, criação, transformação, importação, exportação, distribuição ou comercialização de produtos ou prestação de serviços, de forma lucrativa, profissional, pessoal e habitual.[132]

O outro polo desta relação é o consumidor, que segundo o CDC será sempre aquela pessoa, natural ou jurídica, nacional ou estrangeira, de direito público ou privado, bem como os entes despersonalizados,

---

132 *Caput* do art. 3º do Código de Defesa e Proteção do Consumidor.

que assuma a condição de destinatário final de um produto ou serviço, conforme previsão constante do caput do art. 2º da lei protecionista.[133]

O conceito de consumidor não se esgota aqui. À guiza de exemplo, uma concessionária ao adquirir automóveis de uma montadora para revendê-los não representa uma relação de consumo, mas, ao contrário, se adquire automóveis para que seus diretores os utilizem, aí sim temos uma relação consumerista.

É necessária uma análise mais profunda da jurisprudência sobre o tema, principalmente em situações mais específicas, como o caso do taxista que adquire um veículo para exercício de sua atividade laboral; nossos tribunais, nesse exemplo apontado, entendem tratar-se de uma relação de consumo.

O parágrafo único do art. 2º do CDC amplia o conceito de consumidor ao determinar que "equipara-se a consumidor a coletividade de pessoas, ainda que indetermináveis, que haja intervindo nas relações de consumo".

O §2º do art. 3º do CDC traz algumas hipóteses objetivas da relação de consumo, compreendendo os serviços de "natureza bancária, financeira, de crédito e securitária, salvo as decorrentes das relações de caráter trabalhista".

2. PRINCÍPIOS DE REGÊNCIA E INTERPRETAÇÃO DA LEI CONSUMERISTA

O Código de Defesa e Proteção do Consumidor é considerado um microssistema autossuficiente e autônomo nas ciências jurídicas. Nelson Nery Junior entende estar equivocado aquele que o relaciona como ramo do Direito Econômico, Empresarial ou Civil.

Para entender com clareza esse microssistema, todavia, é necessário que o operador do Direito analise e compreenda os clássicos ramos do Direito, como é o caso do Direito Empresarial. Entretanto, entendemos que não há subsidiariedade entre tais ramos, valendo dizer que essa é a tendência doutrinária e jurisprudencial atual.

---

133 Na cadeia de consumo, o consumidor será o último, sendo que o bem adquirido para lucro ou transformação não é considerado bem de consumo.

A Constituição Federal de 1988 traz mandamento principiológico no sentido da proteção dos direitos do consumidor.[134] Tal mandamento desencadeou o processo de criação do nosso Código de Defesa do Consumidor, Lei nº 8.078/1990.

Assim, sempre que a relação de consumo basear-se nos artigos 2º e 3º da lei em comento, é necessário falarmos do tratamento diferenciado e protetivo concedido ao consumidor, aplicando-se interpretação que distribua a justiça de maneira a reduzir a desigualdade entre os dois polos da relação econômica de consumo, ou seja, entre o fornecedor, aquele que em tese deve ser considerado mais forte, e o consumidor, em regra, vulnerável, hipossuficiente e carecedor da proteção em voga.

2.1. Princípio protetor

A Constituição Federal, ao cuidar dos princípios da ordem econômica, traz a proteção ao consumidor no inciso V do art. 170. Vale mencionar que estamos diante de um direito de terceira dimensão, diretamente relacionado com a ordem econômico-social-ambiental.

Rizzato Nunes faz menção ao caráter de norma pública e interesse social, trazendo o Código de Defesa do Consumidor para que o julgador aprecie de ofício questões relacionadas às relações de consumo.[135]

2.2. Princípio da vulnerabilidade

Por tal princípio se faz necessário olhar para a relação de consumo visualizando a situação desfavorável do consumidor em relação àquele que se ativa na empresarialidade, já que atualmente as ofertas e as informações trazidas pelos avançados veículos de comunicação seduzem o consumidor, tornando-o altamente vulnerável. A interpretação da relação consumerista deve ter como parâmetro a presunção absoluta de vulnerabilidade.

---

134 Inciso XXXII do art. 5º da Constituição da República Federativa do Brasil.
135 Artigos 39, 41 e 47 do Código de Defesa e Proteção do Consumidor.

2.3. Princípio da hipossuficiência e inversão do ônus da prova

A hipossuficiência não pode ser confundida com a vulnerabilidade, já que suas características não estão diretamente relacionadas com o conceito de consumidor – destinatário final. A hipossuficiência, comumente relacionada a uma discrepância econômica, não se limita a isso, pois o cerne da discussão pode se referir a um aspecto técnico, sendo inclusive critério para se determinar a inversão do ônus de prova.[136]

2.4. Boa-fé objetiva nas relações de consumo

Este é o momento de trazer a lume o conceito de boa-fé objetiva de Rizzato Nunes que em seu Curso de Direito do Consumidor se resume no dever das partes de agir conforme parâmetros de honestidade e lealdade, a fim de se estabelecer o equilíbrio das partes na relação de consumo. Assim, a boa-fé objetiva não se restringe à intenção das partes no momento da elaboração do ato jurídico, conforme interpretação do inciso III do art. 4° do CDC.

A doutrina também considera como boa-fé objetiva o dever do prestador e do fornecedor de informar o modo de fruição e riscos do produto ou serviço, além da responsabilidade objetiva prevista nos artigos 12 e 14 do CDC. Assim também nas questões de publicidade enganosa, na vedação de práticas abusivas de cobrança e na análise das cláusulas contratuais, além de outros dispositivos legais, como os artigos 31, 36, 37, 43, 46, 49, 51, 52, 53, todos do Código de Defesa do Consumidor.

3. INTERESSES OU DIREITOS DIFUSOS, COLETIVOS E INDIVIDUAIS HOMOGÊNEOS

Interesse é qualquer vantagem econômica ou moral. Interesse público é aquele que tem relação com o Estado. Interesse privado é o que tem relação com o indivíduo. O **interesse público primário** cor-

---

136 Inciso VIII do art. 6° do Código de Defesa e Proteção do Consumidor.

responde ao bem comum, isto é, algo que todos desejam. O **interesse público secundário** corresponde ao interesse do administrador. Os **metaindividuais, transindividuais ou supraindividuais** são os interesses de grupos de pessoas.

A legislação básica sobre o tema é a Constituição Federal, a Lei da Ação Civil Pública (Lei nº 7.347/1985) e o Código de Defesa do Consumidor (Lei nº 8.078/1990). A tutela coletiva possui as seguintes características:
1. trata-se de interesses de grupos de pessoas;
2. a legitimidade ativa é retirada do lesado e entregue a terceiros designados por lei;
3. a reparação do dano não é em regra individual e sim coletiva;
4. a coisa julgada é coletiva, isto é, vai além das partes e em geral produz efeitos "erga omnes", isto é, contra todos.

4. CATEGORIAS DE INTERESSES METAINDIVIDUAIS (ART. 81, PARÁGRAFO ÚNICO, CDC)

4.1. Interesses difusos

Os interesses difusos possuem as seguintes características:
a) trata-se a interesses de grupos de pessoas;
b) os membros do grupo devem ser indetermináveis. Se for possível determinar os membros do grupo, não haverá interesse difuso. Ex.: pessoas afetadas por propaganda em rede nacional de TV;
c) os membros do grupo estão unidos entre si por um mesmo fato, não sendo necessário haver relações jurídicas entre esses membros;
d) objeto indivisível – a sentença que incidir sobre esses interesses será uniforme para todos os membros do grupo. Ex.: sentença que determina que uma propaganda seja tirada do ar.

4.2. Interesses coletivos

Os interesses coletivos possuem as seguintes características:
a) trata-se a interesses de grupos, categorias ou classes de pessoas;

b) os membros do grupo são determináveis, como por exemplo, os membros de uma associação de consumidores;
c) os membros do grupo devem estar unidos por uma relação jurídica. Essa relação pode ocorrer;
   c.1) entre os membros do grupo;
   c.2) entre cada membro e a parte contrária;
d) objeto indivisível.

4.3. Interesses individuais homogêneos

Os interesses coletivos possuem as seguintes características:
a) trata-se de interesses de grupos de pessoas. Neste caso, contudo, os interesses continuam sendo individuais. Podem ser defendidos individual ou coletivamente, como por exemplo, os consumidores de um produto que apresente defeito;
b) os membros do grupo devem ser determináveis;
c) origem comum e homogeneidade do interesse. A origem comum indica que todas as lesões têm a mesma causa. A homogeneidade indica a preponderância do coletivo sobre o individual, isto é, o interesse deve se projetar para além do grupo;
d) objeto divisível, isto é, a prestação jurisdicional pode variar entre os diversos membros do grupo.

CAPÍTULO 22

A atividade empresarial e a qualidade do fornecimento de bens e serviços. Direito do consumidor à solução dos vícios no fornecimento de bens e serviços

A responsabilidade civil ou o dever de indenizar surge da desobediência de uma regra estabelecida em contrato, ou por deixar de respeitar uma regra de conduta contida em lei. Assim, a responsabilidade civil classifica-se inicialmente em contratual ou extracontratual, também conhecida como aquiliana.

O direito comum traz como regra a responsabilidade civil subjetiva, na qual deve estar presente o elemento "culpa" para surgir o dever de indenizar. Não sendo afastada, todavia, a hipótese de responsabilidade civil objetiva. O parágrafo único do art. 927 do Código Civil dispõe que:

> haverá obrigação de reparar o dano, independentemente de culpa, nos casos especificados em lei, ou quando a atividade normalmente desempenhada pelo autor do dano implicar, por sua natureza, riscos para os direitos de outrem.

O Código de Defesa do Consumidor prestigia essa última hipótese, como se verá a seguir.

O inciso VI, art. 6º da Lei nº 8.078/1990 traz o princípio da reparação integral de danos causados pelo fornecimento de produtos, prestação de serviços ou má informação a eles relacionados.[137]

Haverá responsabilidade objetiva e solidária[138] dos prestadores e fornecedores, com exceção do profissional liberal, que será responsabilizado pessoalmente mediante verificação de culpa.[139]

1. FATO (DEFEITO) DOS PRODUTOS E SERVIÇOS

O art. 17 da lei especial de proteção do consumidor traz o conceito de "consumidor por equiparação" nos casos de acidentes decorrentes de defeito no produto ou na prestação do serviço. Os prejudicados pelo evento danoso não se restringem aos consumidores diretos, mas também a todas as vítimas do dano, ou seja, para fins de reparação, as vítimas do evento danoso equiparam-se a consumidores. Podemos dar como exemplo uma garrafa de refrigerante que explode durante uma festa. Assim, caso um produto inseguro seja colocado no mercado, existe a responsabilidade pelos eventuais danos decorrentes de sua insegurança.

2. VÍCIO DOS PRODUTOS E SERVIÇOS

No que tange à responsabilidade por vício do produto, presente no artigo 18 do CDC, vale primeiramente dizer que estamos diante de um problema oculto ou aparente. Os ocultos são aqueles que ainda não se exteriorizaram no produto ou serviço, e por isso não são ostensivamente perceptíveis.

---

137 A proteção engloba os danos materiais e morais, assim como as perdas e danos, conforme previsão contida nos artigos 18, 19 e 20 da lei protecionista, também não se afastando dos danos emergentes suportados pelo prejudicado ou dos lucros cessantes.
138 Parágrafo único do art. 7º do Código de Defesa e Proteção do Consumidor.
139 §4º do art. 14 do Código de Defesa e Proteção do Consumidor.

Nesse diapasão, o vício de qualidade é aquele que a) torna o produto impróprio ao consumo a que se destina; b) desvaloriza o produto; c) decorre de disparidade informativa. A impropriedade pode ser material ou formal. São impróprios os produtos deteriorados, alterados, adulterados, avariados, falsificados, corrompidos, fraudados, nocivos à vida, ou à saúde, perigosos,[140] alterando o produto em sua substância. A impropriedade formal é aquela relacionada, por exemplo, com o prazo de validade ou em desacordo com as normas de fabricação.

(Juiz do Trabalho da 8ª região – 2008) Nos termos do Código de Defesa do Consumidor é CORRETO afirmar.

a) São direitos do consumidor: I – a proteção da vida, saúde e segurança contra os riscos provocados por práticas no fornecimento de produtos e serviços considerados perigosos ou nocivos; II – a informação adequada e clara sobre os diferentes produtos e serviços, com especificação correta de quantidade, características, composição, qualidade e preço, bem como sobre os riscos que apresentem; III – a proteção contra a publicidade enganosa e abusiva, métodos comerciais coercitivos ou desleais, bem como contra práticas e cláusulas abusivas ou impostas no fornecimento de produtos e serviços. O Código de Defesa do Consumidor também considera aplicáveis os direitos decorrentes de tratados ou convenções internacionais de que o Brasil seja signatário, da legislação interna ordinária, de regulamentos expedidos pelas autoridades administrativas competentes, bem como dos que derivem dos princípios gerais do direito, analogia, costumes e equidade.

b) Os fornecedores de produtos de consumo duráveis ou não duráveis respondem subsidiariamente pelos vícios de qualidade ou quantidade que os tornem impróprios ou inadequados ao consumo a que se destinam ou lhes diminuam o valor, assim como por aqueles decorrentes da disparidade, com as indicações constantes do recipiente, da embalagem, rotulagem ou mensagem publicitária, respeitadas as variações de-

---

[140] Art. 18, § 6.º do art. 18 do Código de Defesa e Proteção do Consumidor.

correntes de sua natureza, podendo o consumidor exigir a substituição das partes viciadas.
c) Os fornecedores respondem subsidiariamente pelos vícios de quantidade do produto sempre que, respeitadas as variações decorrentes de sua natureza, seu conteúdo líquido for inferior às indicações constantes do recipiente, da embalagem, rotulagem ou de mensagem publicitária, podendo o consumidor exigir, alternativamente e a sua escolha o abatimento proporcional do preço; complementação do peso ou medida; a substituição do produto por outro da mesma espécie, marca ou modelo, sem os aludidos vícios; a restituição imediata da quantia paga, monetariamente atualizada, sem prejuízo de eventuais perdas e danos ou ainda a substituição por outro de espécie, marca ou modelo diversos, mediante complementação ou restituição de eventual diferença de preço, no caso de impossibilidade de substituição do bem.
d) Tratando-se de fornecedor é lícito afirmar que sua ignorância sobre os vícios de qualidade por inadequação dos produtos e serviços não o exime de responsabilidade, sendo impossível a sua exoneração contratual da garantia legal. No que concerne ao fornecedor de bens, aplica-se a mesma regra, porém é possível a estipulação contratual de sorte a atenuar a obrigação de indenizar, sendo diretamente responsáveis solidários seu fabricante, construtor ou importador.
e) É expressamente autorizada pelo Código de Defesa do Consumidor a desconsideração, pelo Juiz, da personalidade jurídica da sociedade quando, em detrimento do consumidor, houver abuso de direito, excesso de poder, infração da lei, fato ou ato ilícito ou violação dos estatutos ou contrato social. A desconsideração também será efetivada quando houver falência, estado de insolvência, encerramento ou inatividade da pessoa jurídica provocados por má administração. Todavia, não é necessariamente fator a ensejar a desconsideração a mera existência de obstáculo ao ressarcimento de prejuízos causados aos consumidores.

Resposta correta: alternativa A. A alternativa A está correta porque nossa legislação, a partir da Constituição Federal de 1988, prevê ampla proteção ao consumidor como forma de garantia de uma existência humana mais digna. As alternativas B, C e D devem ser afastadas por apontarem responsabilidade mais amena do que aquela prevista na legislação consumerista. A alternativa E aponta para hipótese de desconsideração da personalidade jurídica por mero obstáculo ao ressarcimento em decorrência de prejuízo experimentado pelo consumidor, sendo esse o entendimento de nossos tribunais, principalmente do Tribunal Superior do Trabalho, por isso apresenta-se a assertiva como incorreta, pois aponta não ser possível a desconsideração por mero obstáculo. A nosso ver, questões polêmicas devem ser afastadas dos exames; essa, inclusive, não é pacífica em nossos Tribunais. Sobre o tema, entendemos que de fato a desconsideração da personalidade da pessoa jurídica não deve ser aplicada por mero obstáculo ao ressarcimento do consumidor. Há que se interpretar em conjunto com o "caput" do art. 28 do Código de Defesa e Proteção do Consumidor, como já mencionamos no item em que tratamos da Desconsideração da Personalidade Jurídica, e com as teorias aplicadas pela Justiça do Trabalho.

(Juiz do Trabalho da 9ª região – 2009) Considere as proposições a seguir, segundo o Código de Defesa do Consumidor.

I – Serviço é qualquer atividade fornecida no mercado de consumo, mediante remuneração, inclusive as de natureza bancária, financeira, de crédito e securitária, salvo as decorrentes das relações de caráter trabalhista.

II – São princípios de regência da Política Nacional das Relações de Consumo, dentre outros: a racionalização e melhoria dos serviços públicos e o reconhecimento da vulnerabilidade do consumidor no mercado de consumo, exceto se o fornecedor estiver enquadrado como micro ou pequeno empresário.

III – O juiz poderá desconsiderar a personalidade jurídica da sociedade quando, em detrimento do consumidor, houver abuso de direito, excesso de poder, infração da lei, fato ou ato ilícito ou violação dos estatutos ou contrato social. A desconsideração também será efetivada quando houver falência, estado de insolvência, encerramento ou inatividade da pessoa jurídica provocados por má administração.

IV – O Ministério Público e as associações legalmente constituídas há pelo menos um ano e que incluam entre seus fins institucionais a defesa dos interesses e direitos protegidos pelo Código de Defesa do Consumidor são legitimados concorrentemente para a defesa em juízo dos interesses ou direitos difusos e interesses ou direitos coletivos, mas não para defesa de interesses ou direitos individuais homogêneos, assim entendidos os decorrentes de origem comum.

V – Para efeitos do Código de Defesa do Consumidor, interesses ou direitos coletivos, são os transindividuais, de natureza indivisível de que seja titular grupo, categoria ou classe de pessoas ligadas entre si ou com a parte contrária por uma relação jurídica base.

a) Somente as proposições I, II, III e IV são corretas.
b) Somente as proposições II, III, IV e V são corretas.
c) Somente as proposições II, III e IV são corretas.
d) Somente as proposições I, III e V são corretas.
e) Todas as proposições são corretas.

Resposta correta: alternativa D. Os itens I, III e V apontam para a letra literal da lei nos artigos 3°, 28 e 81 do CDC, por isso a alternativa que deve ser marcada é aquela em que tais proposições são consideradas corretas. O item II traz o microempresário, por exemplo, como fator minimizador para a proteção do consumidor, que inexiste na legislação especial em comento. Os direitos individuais homogêneos estão na seara de proteção dos órgãos citados no item IV, por isso, incorreta a propositiva.

(Juiz do Trabalho da 9ª região – 2009) Analise as assertivas abaixo e marque a alternativa CORRETA.

I – Em matéria de relações de consumo, a inversão do ônus da prova em favor do consumidor cabe quando, entre outras hipóteses, a critério do juiz, for verossímil a alegação.

II – Não é viável a inversão do ônus da prova, à luz do Código de Defesa do Consumidor, quando o fornecedor é o Poder Público.

III – Conforme previsão contida no Código de Defesa do Consumidor, o juiz poderá desconsiderar a personalidade jurídica da sociedade quando, em detrimento do consumidor, houver abuso de direito, excesso de poder, infração da lei, fato ou ato ilícito ou violação dos estatutos ou contrato social, e ainda quando houver falência, estado de insolvência, encerramento ou inatividade da pessoa jurídica provocada por má administração.

IV – Segundo a jurisprudência majoritária, são aplicáveis as normas do Código de Defesa do Consumidor aos contratos de prestação de serviços advocatícios, especialmente para aferir abusividade da cláusula pertinente ao percentual dos honorários.
a) Apenas os itens I e II são verdadeiros.
b) Apenas os itens II e III são verdadeiros.
c) Apenas os itens I e III são verdadeiros.
d) Apenas os itens III e IV são verdadeiros.
e) Apenas os itens II e IV são verdadeiros.

Resposta correta: alternativa C. Os itens I e III são verdadeiros, conforme explicação já realizada nesta obra sobre a possibilidade de inversão do ônus da prova e sobre a hipótese de desconsideração da personalidade jurídica. O item II minimiza a responsabilidade do Poder Público, o que não é concebido em vista da lei especial. O item IV, por fim, apresenta hipótese de aplicação do CDC sobre serviços advocatícios, bem como eventual abusividade na cobrança dos honorários advocatícios. Vale dizer que se trata de questão regulada pelo Estatuto da OAB e pelo mercado, e que há grande polêmica jurisprudencial sobre o tema, muito longe de se falar em qualquer pacificação nas decisões dos Tribunais.

(Juiz do Trabalho da 1ª região – 2009) Sob a visão clássica, cinco são os princípios que regem o direito contratual. A relação de consumo é ajustada por contrato e aqueles princípios também a ela se aplicam. Contudo, em face da natureza da relação de consumo alguns desses princípios têm seu valor reduzido, enquanto outros assumem relevância. Tem relevância para a relação de consumo, o seguinte princípio do direito contratual:
a) da ordem pública.
b) da relatividade dos contratos.
c) da boa-fé.
d) de obediência às regras mercantis.
e) da autonomia da vontade.

Resposta correta: alternativa C. Tal princípio aborda a boa-fé objetiva que deve estar presente nas relações de consumo. O CDC apresenta fortes indícios da existência de tal princípio, como percebemos da interpretação dos artigos 31, 36, 37, 43, 46, 49, 51, 52, 53, entre outros possíveis. Os princípios elencados nas outras alternativas estão fora daqueles explicitados no item 21 da presente obra, não relegando sua relevância para as outras áreas do direito.

CAPÍTULO 23

A atividade empresarial e a publicidade. A publicidade e a tutela do consumidor. Publicidade simulada, enganosa, abusiva. Responsabilidade civil do anunciante, da agência de propaganda e do veículo de comunicação

Em razão das avançadas e sedutoras tecnologias de publicidade, bem como do "dever de informar" e do "direito de ser informado", respectivamente atribuídos à empresa e ao consumidor, apresenta-se a necessidade de normas para equilibrar essa relação, através de medidas de defesa do consumidor, para que em caso de violação, seja a sua posição restaurada e os comportamentos lesivos coibidos e reparados.

O inciso III do art. 6º da Lei nº 8.078/1990 é previsão firme de proteção ao consumidor contra publicidade enganosa e abusiva. Normalmente, as palavras "propaganda" e "publicidade" são utilizadas como sinônimo, entretanto, representam conceitos distintos. A propaganda é mais utilizada em transmissão de ideias, enquanto a publicidade é direcionada à venda de produtos ou de serviços. O princípio da informação está correlacionado ao princípio da transparência; a informação ao consumidor deve ser transmitida sempre de maneira clara e precisa. O artigo 30 da lei especial traz vinculação direta do produto, serviço e contrato ao meio de oferta, publicidade ou propaganda.

1. PUBLICIDADE ENGANOSA

O artigo 31 do CDC determina que no produto ou serviço oferecidos ao consumidor as informações quanto à essência, quantidade e qualidade devem constar de forma precisa, vedando-se condutas dolosas que tenham o intuito de prejudicar os compradores ou adquirentes. Tal mandamento relaciona-se diretamente com o dispositivo contido no §1°, art. 37 do mesmo diploma protecionista ao proibir a publicidade enganosa por ação ou omissão, por "qualquer modalidade de informação ou comunicação de caráter publicitário, inteira ou parcialmente falsa, ou, por qualquer outro modo, mesmo por omissão, capaz de gerar dúvidas ou induzir a erro o consumidor".

O fornecedor desse serviço poderá ser responsabilizado pelos vícios ou danos causados, devendo, ser for o caso, cumulativamente, substituir o produto ou executar novamente o serviço, conforme dispõe os artigos 19, 20 e 35 do CDC. É perfeitamente possível, em tais casos, a obrigação de não fazer com previsão de "astreintes".

2. PUBLICIDADE ABUSIVA

O Código de Defesa do Consumidor proíbe a publicidade eivada de ilicitude ou abuso de direito. Segundo o art. 37, §2°, do diploma em análise, é abusiva a publicidade:

> (...) discriminatória de qualquer natureza, que incite à violência, explore o medo ou a superstição, se aproveite da deficiência de julgamento e experiência da criança, desrespeite valores ambientais, ou que seja capaz de induzir o consumidor a se comportar de forma prejudicial ou perigosa à sua saúde ou segurança.

Apresenta-se, nesses casos, a possibilidade de responsabilidade civil objetiva por atos ilícitos; não podemos nos esquecer da solidariedade também presente em tais hipóteses.

3. PUBLICIDADE SIMULADA

O artigo 36 do CDC veda também a publicidade simulada, ou seja, aquela que não aparenta ser publicidade, assemelhando-se a notícia, comunicação ou informação ao público sem caráter financeiro, mas que verdadeiramente representa meio de oferta. O art. 38 do mesmo diploma determina que o ônus da prova da veracidade e correção da informação publicitária recai sobre quem a patrocina.

CAPÍTULO 24

Conceito de tripulante e composição da tripulação de aeronave. Comandante de aeronave. Regulamentação das profissões do Aeroviário (Decreto nº 1.232, de 22.06.1962) e do Aeronauta (Lei nº 7.183/1984)

1. AERONAUTA, TRIPULANTE E TRIPULAÇÃO

O conceito de tripulante de aeronave foi definido pelo Código Brasileiro de Aeronáutica, Lei nº 7.565, de 19.12.1986, em seu art. 156, que dispõe: "São tripulantes as pessoas devidamente habilitadas que exercem função a bordo de aeronaves". Todo tripulante, portanto, é um aeronauta. A lei faz menção à necessidade de licenças específicas emitidas pelo Ministério da Aeronáutica[141] para as funções remuneradas, sendo reservadas a brasileiros natos ou naturalizados. É importante a distinção entre função remunerada e não remunerada, pois as não remuneradas podem ser exercidas por tripulantes de outras naciona-

---
141 Art. 162 da Lei nº 7.565/1986. Cessada a validade do certificado de habilitação técnica ou de capacidade física, o titular da licença ficará impedido do exercício da função nela especificada.

lidades. Vale salientar que o número de comissários estrangeiros não pode superar 1/3 da tripulação.

O art. 6º da Lei nº 7.183/1984, que regula a profissão do aeronauta, classifica os tripulantes em:

a) **Comandante:** piloto responsável pela operação e segurança da aeronave – exerce a autoridade que a legislação aeronáutica lhe atribui;

b) **Copiloto:** piloto que auxilia o comandante na operação da aeronave;

c) **Mecânico de voo:** auxiliar do comandante, encarregado da operação e controle de sistemas diversos conforme especificação dos manuais técnicos da aeronave;

d) **Navegador:** auxiliar do comandante, encarregado da navegação da aeronave quando a rota e o equipamento o exigirem, a critério do órgão competente do Ministério da Aeronáutica;

e) **Radioperador de voo:** auxiliar do comandante, encarregado do serviço de radiocomunicações nos casos previstos pelo órgão competente do Ministério da Aeronáutica; e

d) **Comissário:** é o auxiliar do comandante, encarregado do cumprimento das normas relativas à segurança e atendimento dos passageiros a bordo e da guarda de bagagens, documentos, valores e malas postais que lhe tenham sido confiados pelo comandante.

O art. 7º também considera tripulante o operador de equipamentos especiais instalados em aeronaves homologadas para serviços aéreos especializados, devidamente autorizados pelo Ministério da Aeronáutica.

2. COMANDANTE DE AERONAVE E SUA RESPONSABILIDADE PELOS TRIPULANTES

Segundo o Código Civil Brasileiro de Aeronáutica toda aeronave terá um comandante, membro da tripulação, preposto do proprietário ou explorador e que será responsável pela segurança do voo. Também será responsável pela guarda de valores, mercadorias, bagagens despachadas e mala postal, desde que lhe sejam asseguradas pelo proprietário ou explorador condições de verificar a quantidade e estado das mesmas.

Quanto à tripulação, o comandante é responsável pelo cumprimento da regulamentação profissional no tocante a: I - limite da jornada de trabalho; II - limites de voo; III - intervalos de repouso; e IV - fornecimento de alimentos, subordinando-os tecnicamente. A autoridade do comandante persiste até a conclusão da viagem, inclusive em caso de pouso forçado, até que as autoridades competentes assumam a responsabilidade pela aeronave.

Vale dizer que o comandante responderá por excesso de poder; mas atuando nos limites de seu poder, se exime de quaisquer responsabilidades.

3. AEROVIÁRIO

O Decreto nº 1.232/1962 em seu art. 1º dispõe que: "É aeroviário o trabalhador que, não sendo aeronauta, exerce função remunerada nos serviços terrestres de Empresa de Transportes Aéreos". Sua licença será expedida pela Diretoria de Aeronáutica Civil ou órgão competente, devidamente habilitado.

(Juiz do Trabalho da 9ª região – 2009) Indique a alternativa INCORRETA.
  a) Segundo o Código Brasileiro de Aeronáutica o comandante é autoridade máxima na aeronave, os demais membros da tripulação ficam a ele subordinados, técnica e disciplinarmente.
  b) Durante a viagem, o comandante é o responsável, no que se refere à tripulação, pelo cumprimento da regulamentação profissional inclusive quanto ao limite da jornada de trabalho, limites de voo, e intervalos de repouso.
  c) O comandante poderá delegar a outro membro da tripulação as atribuições que lhe competem, mesmo as que se relacionem com a segurança do voo.
  d) O comandante exerce autoridade inerente à função desde o momento em que se apresenta para o voo até o momento em que entrega a aeronave, concluída a viagem.
  e) São tripulantes as pessoas devidamente habilitadas que exercem função a bordo de aeronaves.

Resposta correta: alternativa C. A legislação, citada no texto, determina que o comandante não pode delegar suas atribuições no que se refere à segurança do voo. As demais alternativas estão corretas, como é possível perceber pelo texto da Lei n° 7.565/1986.

REFERÊNCIAS

ALMEIDA, Marcus Elidius Michelli de. *Comentários aos artigos 85 a 93 da Lei de Falências*. In: Newton de Lucca; Adalberto Simão Filho. (Org.). *Comentários à Nova Lei de Recuperação de Empresas e de Falências*. São Paulo: Editora Quartier Latin, 2005, v. 1, p. 377-455

AGUIAR DIAS, José de. *Da responsabilidade civil*. Rio de Janeiro: Editora Forense, 1987.

AMARAL DOS SANTOS, Moacyr. *Tratado da prova no cível e comercial*. São Paulo: Max Limonad, 1966.

ASCARELLI, Túlio. *Teoria geral dos títulos de crédito*. Campinas: Red Livros, 1994.

ASSIS, Olney Queiroz. *Manual da microempresa: teoria e prática*. São Paulo: Lúmen Juris, 1993.

_____. *Direito societário*. São Paulo: Damásio de Jesus, 2004.

BERTOLDI, Marcelo; RIBEIRO, Márcia Carla Pereira. *Curso avançado de direito comercial*. São Paulo: Revista dos Tribunais, 2007.

BEZERRA FILHO, Manoel Justino. *Nova lei de recuperação e falências comentada*. São Paulo: Revista dos Tribunais, 2005.

BRUSCHI, Gilberto G. *Aspectos processuais da desconsideração da personalidade jurídica*. São Paulo: Saraiva, 2009.

BULGARELLI, Waldirio. *Sociedades comerciais, empresa e estabelecimento*. São Paulo: Atlas, 1996.

CAMPINHO, Sérgio. *O direito de empresa*. Rio de Janeiro: Renovar, 2005.

CANDIDO DA SILVA, Márcio. *Direito civil para concurso de juiz do trabalho*. Bauru: Edipro, 2011.

CARVALHO DE MENDONÇA, José Xavier. *Tratado de direito comercial brasileiro*. Rio de Janeiro: Freitas Bastos, 1933.

CEOLIN, Ana Caroline S. *Abusos na aplicação da teoria da desconsideração da personalidade jurídica.* Belo Horizonte: Del Rey, 2002.

COELHO, Fábio Ulhôa. *Curso de direito comercial.* São Paulo: Saraiva, 2008.

_____. *Curso de direito civil.* São Paulo: Saraiva, 2006.

_____. *Manual de direito comercial.* São Paulo: Saraiva, 2003.

DENSA, Roberta. *Direito do consumidor.* São Paulo: Atlas, 2010.

DINIZ, Maria Helena. *Direito de empresa.* São Paulo: Saraiva, 2008.

DORIA, Dylson. *Curso de direito comercial.* São Paulo: Saraiva, 2000.

ESTRELA, Hernani. *Curso de direito comercial.* Rio de Janeiro: Konfino, 1973.

FAGA, Tânia Regina Trombini. *Julgamentos e Súmulas do STF e STJ.* São Paulo: Editora Gen Método, 2010.

FAZZIO JUNIOR, Waldo. *Manual de direito comercial.* São Paulo: Atlas, 2003.

_____. *Nova lei de falência e recuperação de empresas.* São Paulo: Atlas, 2006.

FERREIRA, Waldemar. *Instituições de direito comercial.* São Paulo: Saraiva, 1961.

GABRIEL, Sérgio. *Direito empresarial.* São Paulo: Atlas, 2010.

LUCCA, Newton de; SIMÃO FILHO, Adalberto. (Org.). *Comentários à Nova Lei de Recuperação de Empresas e de Falências.* São Paulo: Editora Quartier Latin, 2005.

MAMEDE, Gladston. *Direito empresarial brasileiro.* São Paulo: Atlas, 2007.

MARQUES, José Frederico. *Manual de direito processual civil.* São Paulo: Saraiva, 1986.

MARTINS, Fran. *Curso de direito comercial.* Rio de Janeiro: Forense, 1995.

MELLO FRANCO, Vera Helena de. *Manual de direito comercial.* São Paulo: Revista dos Tribunais, 2004.

MIGLIARI JUNIOR, Arthur. *Crimes de recuperação de empresas e de falências.* São Paulo: Quartier Latin, 2006.

MONTEIRO DE BARROS, Flávio Augusto. *Manual de Direito Civil.* São Paulo: Editora Gen Método, 2007.

NEGRÃO, Ricardo. *Manual de direito comercial e de empresa.* São Paulo: Saraiva, 2006.

NERY JUNIOR, Nelson; NERY, Rosa Maria de Andrade. *Código de processo civil comentado.* São Paulo: Revista dos Tribunais, 2006.

PAES DE ALMEIDA, Amador. *Curso de direito comercial.* São Paulo: Saraiva, 2006.

_____. *Curso de falência e recuperação de empresa.* São Paulo: Saraiva, 2008.

Índice remissivo

Acupuntura e acupressão, 143-5.
adolescentes, padrões de sono dos, 33-5.
alergias, 42, 61, 90, 92, 150 e 170.
alimentação e sono, 66-77.
ansiedade, *veja* estresse.
apneia do sono, 37, 50, 61 e 78.
aromaterapia, 168-71.

Benefícios do sono para a saúde, 11-12, 14-15, 189

Café, 174-175.
cafeína, 71-3 e 174-5.
cochilos, 30, 40, 51, 64, 109-12.
condições de saúde, 37, 39, 50-3, 61 e 63.
condução e débito de sono, 14, 41, 63 e 65.
crianças, padrões de sono das, 28-32.
adolescentes, 33-5.

Déficit de sono, 14 e 20-1.
depressão, 53, 61 e 104.
medicamentos fitoterápicos para, 158, 177 e 179.
despertador, 18 e 94.
distúrbio afetivo sazonal, 41, 53, 95 e 177.
distúrbios do sono, 37, 41, 46 e 49-52.
doenças, 25 e 52.
ioga, como tratamento de, 136-139.
medicamentos fitoterápicos para, 148-81.
musicoterapia para, 139-141.
técnicas corporais para, 141-5.

doenças e sono, 39 e 61.
ioga, como tratamento de, 136-9.
medicamentos fitoterápicos para, 148-81.
musicoterapia para, 139-41.
dores de cabeça
medicamentos fitoterápicos para, 151, 159, 170 e 171.
técnicas corporais para, 142-3.

Enxaqueca, 142, 143 e 170
estações, efeitos das, 40-3.
estimulantes, 71-5.
estresse, 61-6, 101-4 e 105.
medicamentos fitoterápicos para o, 148-81.
técnicas de redução, 122-45.
exercícios, 40, 74-5 e 104-7.

Feng shui, 87.

Glutamato monossódico, 70.
gravidez, 36, 52 e 76.

Homeopatia, 172-5.
hormônios, efeitos dos, 28, 37 e 52.
ervas que mimetizam, 154.

Idade, efeito da, sobre o sono, 28-32, 33-5, 37, 38-40, 76 e 81.
idosos, problemas de sono em, 28, 37, 38-40, 50, 76 e 81.
iluminação, 41-3 e 93-4.
insônia, 49-50, 52-3, 63, 104 e 107-9.

medicamentos de venda livre para, 179 e 185-6.
medicamentos fitoterápicos para, 148-81.
musicoterapia, 140.
relaxamento para a cura da, 134-5.
técnicas de trabalho corporal para, 141-5.
ioga, 106 e 136-9.

Jet lag, 79-83 e 176.

Massagem, 118 e 142.
medicamentos, 42, 50, 51 e 184-7.
como causa de problemas de sono, 54-5.
medicamentos fitoterápicos, 54, 82-3, 90 e 148-81.
medicamentos naturais, 148-81.
meditação, 131-5.
melatonina, 176-8.
menopausa, 37, 52, 154-5 e 157.
menstruação, 36, 52, 148-9, 156 e 159.
música, 30-1, 40 e 139-41.

Narcolepsia, 51.

Padrões de sono, 16-7, 28-32, 33-8 e 40-3.
problemas de próstata, 37 e 76.
psicoterapia como tratamento, 39.

Quarto, como facilitador do sono, 86-94.

Receitas
chá de ervas para um sono profundo, 163.
mistura para travesseiro para um sono profundo, 168.
sachês de banho para um sono profundo, 164.
sais de banho para um sono profundo, 152.
vaporizador de ambientes para um sono profundo, 171-2.
relaxamento muscular progressivo, 129-30.
relógio biológico, 17-20, 81-2 e 176-17.
remédios, *veja* medicamentos.
ritmo circadiano, 18-20 e 33.
ronco, 37, 50 e 78.
rotinas na hora de dormir, 31-2 e 98-101.

Sonambulismo, 52.
sonhos, 22-5, 166-8 e 174.
sono não REM (movimento rápido dos olhos), 16-7.
nos idosos, 39.
sono REM (movimento rápido dos olhos), 16-7 e 24-37.

Tai chi, 106
técnicas de relaxamento, 100, 122-45 e 134-5.
com chá de ervas, 162-3.
técnicas de trabalho corporal, 141-5.
técnicas respiratórias, 123-5.
trabalho por turnos, 63-4 e 177.
travesseiros, 91 e 92-3.
de ervas, 165-8.
triptofano, 68-9 e 178-9.

Visualização, 125-9.
vitaminas e minerais, 67-9.

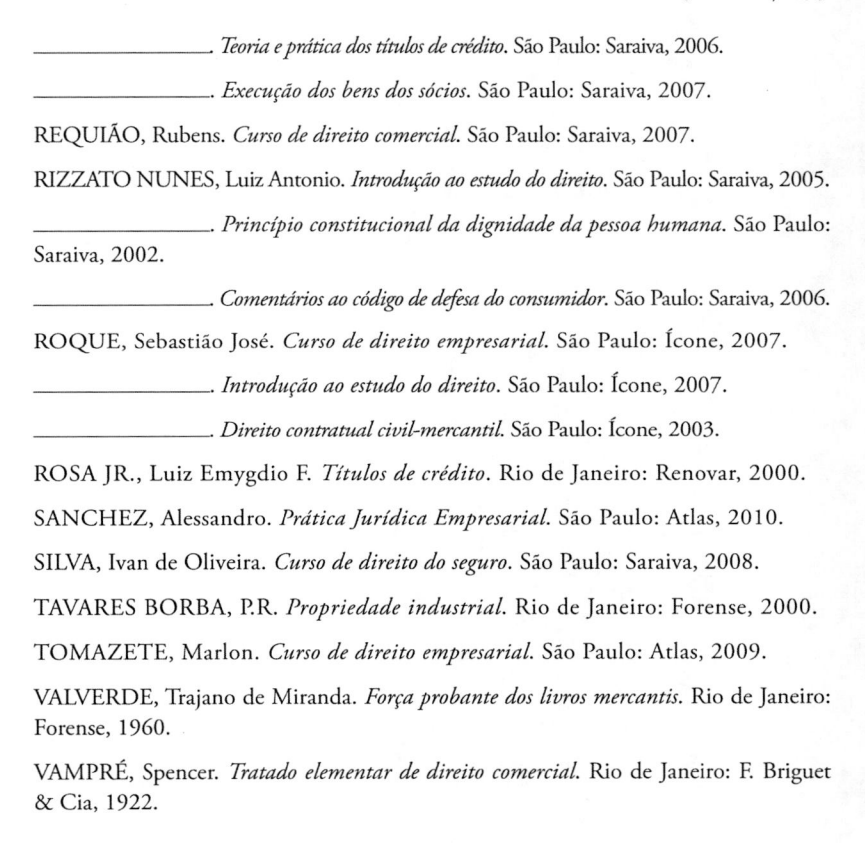

_____. *Teoria e prática dos títulos de crédito*. São Paulo: Saraiva, 2006.

_____. *Execução dos bens dos sócios*. São Paulo: Saraiva, 2007.

REQUIÃO, Rubens. *Curso de direito comercial*. São Paulo: Saraiva, 2007.

RIZZATO NUNES, Luiz Antonio. *Introdução ao estudo do direito*. São Paulo: Saraiva, 2005.

_____. *Princípio constitucional da dignidade da pessoa humana*. São Paulo: Saraiva, 2002.

_____. *Comentários ao código de defesa do consumidor*. São Paulo: Saraiva, 2006.

ROQUE, Sebastião José. *Curso de direito empresarial*. São Paulo: Ícone, 2007.

_____. *Introdução ao estudo do direito*. São Paulo: Ícone, 2007.

_____. *Direito contratual civil-mercantil*. São Paulo: Ícone, 2003.

ROSA JR., Luiz Emygdio F. *Títulos de crédito*. Rio de Janeiro: Renovar, 2000.

SANCHEZ, Alessandro. *Prática Jurídica Empresarial*. São Paulo: Atlas, 2010.

SILVA, Ivan de Oliveira. *Curso de direito do seguro*. São Paulo: Saraiva, 2008.

TAVARES BORBA, P.R. *Propriedade industrial*. Rio de Janeiro: Forense, 2000.

TOMAZETE, Marlon. *Curso de direito empresarial*. São Paulo: Atlas, 2009.

VALVERDE, Trajano de Miranda. *Força probante dos livros mercantis*. Rio de Janeiro: Forense, 1960.

VAMPRÉ, Spencer. *Tratado elementar de direito comercial*. Rio de Janeiro: F. Briguet & Cia, 1922.

RENOVAGRAF
contato@renovagraf.com.br
Fone:(11) 2667-6086